ENDTRODUCING…

© Eliot Wilder, 2005
Esta versão foi publicada a partir do acordo com a Bloomsbury Publishing Plc.

Eliot Wilder

ENDTRODUCING...

Tradução de
Mauro Gaspar

Cobogó

SUMÁRIO

Sobre a coleção **O LIVRO DO DISCO**   9

Agradecimentos   11

Intro   13

Endtro   33

You cut up the past to find the future

— WILLIAM BURROUGHS

Sobre a coleção O LIVRO DO DISCO

Há, no Brasil, muitos livros dedicados à música popular, mas existe uma lacuna incompreensível de títulos dedicados exclusivamente aos nossos grandes discos de todos os tempos. Inspirados pela série norte-americana 33 ⅓, da qual estamos publicando volumes essenciais, a coleção O Livro do Disco traz para o público brasileiro textos sobre álbuns que causaram impacto e que de alguma maneira foram cruciais na vida de muita gente. E na nossa também.

Os discos que escolhemos privilegiam o abalo sísmico e o estrondo, mesmo que silencioso, que cada obra causou e segue causando no cenário da música, em seu tempo ou de forma retrospectiva, e não deixam de representar uma visão (uma escuta) dos seus organizadores. Os álbuns selecionados, para nós, são incontornáveis em qualquer mergulho mais fundo na cultura brasileira. E o mesmo critério se aplica aos estrangeiros: discos que, de uma maneira ou de outra, quebraram barreiras, abriram novas searas, definiram paradigmas — dos mais conhecidos aos mais obscuros, o importante é a representatividade e a força do seu impacto na música, e em nós! Desse modo, os autores da coleção são das mais diferentes formações e gerações, escrevendo livremente sobre álbuns que têm relação íntima com sua biografia ou seu interesse por música.

O Livro do Disco é para os fãs de música, mas é também para aqueles que querem ter um contato mais aprofundado, porém acessível, com a história, o contexto e os personagens ao redor de obras históricas.

Pouse os olhos no texto como uma agulha no vinil (um cabeçote na fita ou um feixe de laser no CD) e deixe tocar no volume máximo.

Agradecimentos

Um grande salve para: o som do scratch (aquele "vup vup vup"), 45s antigos, vinil, Neil Ross e KDEO, Dusty Groove America, John — da Planet Records em Cambridge —, Tom — da Nuggets em Boston —, o Gordo e o Magro, os Beatles, Brian Wilson, Bob Dylan, Ray Davies, Neil Young, Krzysztof Kieslowski, Robert Christgau, Ed Ward, Steve Thorn, Pete Miesner, Natalia Cooper, Craig Palmer, Theresa Rochelle, Jack Mahoney, Zeena Malin, Max Vanzi, Joe Frank, Ann Japenga, Edward Abood, Dave Westner, Marvin Etzioni, Carolyn Chandler, Bob Gartland, Tom Schlesinger, Dave e Dan Linck e toda a velha gangue Mutt, Barbara, Kitty, Blake e Nattie, Leigh Salgado, Mary Klages, Os Simpsons e o clã Kusnitt.

E também um enorme obrigado a Joe Pernice por abrir a porta, David Barker por me permitir fazer isso e, especialmente, Josh Davis, cuja música continua a mudar a minha vida...

Para Chris, com amor, e Astrid, de quem cuidei durante seus primeiros sete meses de vida enquanto escrevia este livro. E meu pai.

Intro

Quando foi lançado, em 1996, *Endtroducing...* não soou como nada antes ou depois: um álbum de batidas, beleza e caos, um som que penetra na verdadeira chama azul do coração. Olhando para trás, nenhum outro disco popular, para mim, resume melhor o fim do século passado. Josh Davis, o DJ Shadow, pegou elementos de hip-hop, funk, rock, ambient, psicodelia, assim como "objetos-encontrados sonoros",[1] trechos insólitos de diálogos e entrevistas e pérolas garimpadas em discos obscuros e encalhados — uma varredura literal de sons que existem no planeta Terra —, e então compôs a lição final. Tudo isso vindo de um garoto suburbano que cresceu em Davis, Califórnia, uma pequena cidade universitária longe de tudo. Mas ele era um garoto suburbano que tinha uma paixão, uma obsessão, na verdade: os vinis. Josh gastou boa parte da sua vida escavando por entre o que a maioria considera descartável: os discos que moram naquelas lojas de usados escuras e cheias de mofo. Para muitos de nós, eles não significam nada.

---

[1] Em inglês, "found sounds", ou, ainda, "found objects". No hip-hop, trata-se de sons não necessariamente musicais, como vozes, discursos, buzinas, campainhas etc., sampleados e usados como elementos da colagem musical. (N.T.)

Mas para Josh Davis são almas perdidas. E, como seu salvador, ele os honrou, porque essas almas perdidas têm uma casa em *Endtroducing...*.

Este é um álbum que te acompanha e perdura. É um álbum ao qual você pode voltar e descobrir novas áreas que não tinha percebido. É como descobrir na sua casa um quarto que você nunca soube que estava lá. Ou como a vez que você pegou *O apanhador no campo de centeio* na estante e, depois de ler, ficou pensando: "Eu não sabia que era sobre isso." Mas o que sempre me leva a ele — e o que me levou a escrever este livro — é que *Endtroducing...* nunca deixa de emocionar em vários níveis. "Se tivesse que encontrar uma palavra que ecoasse mais que qualquer coisa em *Endtroducing...*, seria 'esperança'", me disse Josh quando o entrevistei para o livro. Eu sei que, quando tudo o que é terrível e deprimente neste mundo me consome, só o que preciso fazer é botar *Endtroducing...* para tocar e sou... transportado. Soa como esperança para mim.

Desde *Endtroducing...*, DJ Shadow produziu outras coisas extraordinárias: seu segundo álbum, *The Private Press*, de 2002, desenvolve tudo o que era único e fascinante em *Endtroducing...*: E é provável que o disco em que ele está trabalhando atualmente vá superar o que veio antes.[2] Mas há alguma coisa em *Entroducing...* que sempre me leva de volta a ele. Há alguma coisa num disco que pergunta: "What does your soul look like?" [Com o que se parece a sua alma?] Há alguma coisa num disco que, ainda que não dê respostas, continua atuando como um bálsamo.

---

[2] Wilder se refere a *The Outsider* (2006), disco que DJ Shadow estava produzindo na época. (N.T.)

A vida na casa da família Wilder não era muito diferente das de outras famílias vivendo suas vidas desesperadas e silenciosas em Fletcher Hills, uma pequena comunidade de casas pré-fabricadas na parte leste de San Diego. Comíamos nossa comida pronta na frente da TV, amávamos *I Love Lucy* e nos abaixávamos e nos cobríamos quando o alarme antiaéreo tocava toda segunda-feira ao meio-dia, como todo mundo. Talvez se possa dizer que éramos parecidos demais com todos os outros, apenas uma folha fina de gesso e ripas separando cada casa apertada da outra.

Para mim, o único escape do meu vago senso de alheamento de classe média suburbana e a única coisa que realmente capturou minha atenção foi o que tocava na estação de rádio AM local, a KDEO. Era o formato básico de Top 40, no qual, do meio ao fim da década de 1960, você podia ouvir de "Sunny Afternoon", dos Kinks, a "Standing in the Shadow of Love", dos Four-Tops, ou "Eight Miles High", dos Byrds, "A Boy Named Sue", de Johnny Cash, "For What It's Worth", do Buffalo Springfield, o tema de *O bom, o mau e o feio*, de Ennio Morricone, e "MacArthur Park", de Richard Harris. Também tocava coisas de Claudine Longet, The Animals, The Strawberry Alarm Clock, Johnny Rivers, Paul Revere and the Raiders, The Leaves, Jimi Hendrix, James Brown, Jefferson Airplane, Bobbie Gentry Sly & the Family Stone, The Hollies, Aretha Franklin, Bob Dylan. E, claro, os Beatles.

Era o sublime e o ridículo, tudo misturado. O tipo de mix sem formato, meio aleatório, que hoje em dia é empregado por artistas como Kid Loco, Four Tet e Nightmares on Wax para as séries de compilação *Back to Mine*, *AnotherLateNight* e *LateNightTales*. Dê uma ouvida no ultracool *The Trip*, do Saint Etienne, que inclui canções das Supremes, The Mamas & the

Papas, Dusty Springfield, The Left Banke, The Originals e, meu favorito, The Poppy Family. Eclético, para dizer o mínimo. Esse era o tipo de coisa que eu ouvia na minha juventude. Havia outras estações no rádio, mas como o sinal da KDEO era o mais forte — a estação ficava a poucos quarteirões da minha casa — eu praticamente só ouvia ela. E quase todo o tempo em que não estava na escola ou dormindo, ficava ligado no rádio, fosse no rádio-relógio da cozinha ou no transistor do meu quarto, que, a seu modo, se pararmos para pensar, era um precursor dos iPods atuais, sem luxos como equalização, atenuação, graves, agudos e *stereo imaging*. Era low-fi, antes de a expressão virar moda. Mas quem sabia naquela época como a tecnologia ia avançar?

Inspirado pelo que ouvia, comecei a colecionar singles, que eu comprava na Rexall local. Até aquele momento eu tinha apenas os discos das minhas duas irmãs para escolher: *Cindy's Birthday*, de Johny Crawford, *Palisades Park*, de Freddy Cannon, e *Leader of the Pack*, das Shangri-las. Não eram ruins, mas estavam mais na linha de ídolos de adolescentes, não do que eu realmente curtia. Acho que o primeiro 45 que tive foi *Live*, do Merry-Go-Round, seguido de *Snoopy vs. The Red Baron*, do Royal Guardsmen, *Flowers on the Wall*, dos Statler Brothers, e *Dang me*, de Roger Miller. Finalmente passei para os LPs quando ganhei, pelo meu aniversário de onze anos, *Yesterday… and Today*, dos Beatles. Era tudo o que eu tinha que era verdadeiramente meu, e eu o coloquei para tocar até a morte.

É difícil descrever o que era ter e segurar meu primeiro disco, com seu cheiro de disco novo. Você tinha toda uma capa de 12 polegadas para admirar, rabiscar, usar como bandeja de almoço. Vinha com um encarte, que geralmente mostrava as capas dos outros artistas da gravadora. Havia algo a respeito de tocar — e sujar e arranhar — o vinil. Você olhava ele girar, via a agulha em forma de torno mecânico deslizar pelos sulcos empoeirados. E daí que meu toca-discos Webcor, que era só um pouco maior que uma caixa de sapatos e tão durável quanto, tivesse um som metálico (nos agudos) e abafado (nos graves)? No eBay, hoje em dia, eles chamam toca-discos como aquele de "vintage". Naquela época, era um verdadeiro lixo. Mas era o *meu* lixo.

Pobre de mim, toda vez que tocava aquela coisa pequena e frágil um grau acima de um suspiro, meu pai surgia no meu quarto gritando: "Abaixa esse disparate!" Meu pai não sacava música. Fale com ele sobre os Stones, Otis Redding ou Stan Getz e ele vai ficar com o rosto branco como uma TV quando o cabo de repente é tirado da tomada. Podia ser os Monkeys, Mancini ou Mahler. Para o meu pai, era tudo disparate. O que era um saco, porque ele tornava difícil para mim o simples ato de curtir música.

O pai do meu amigo Scooter foi o primeiro do quarteirão a ter um sistema de som estéreo modulado. Até então, o aparelho de som caseiro mais sofisticado que eu tinha visto era o nosso modulado de TV e aparelho de som estéreo Magnavox, que parecia um aparador e, misteriosamente, só tocava um canal do estéreo. Eu não entendia muito bem por que quando tocava *Sgt. Pepper's* certos sons — como, digamos, os animais galopando durante o final de "Good Morning, Good Morning" — de repente desapareciam, ou por que o canto era excepcionalmente alto em "Lucy in the Sky with Diamonds", ou por que mal se ouvia a bateria em "Fixing a Hole". Foi só quando ouvi o disco no sistema do pai de Scooter que entendi o estéreo. Era como ver um filme em Technicolor depois de ter visto apenas filmes mudos em preto e branco.

Foi por volta dessa época que tentei o que achei que era um corte de cabelo de cuia inspirado em Brian Jones. Minha mãe riu de mim e disse "Você está parecendo o Pequeno Lorde", o que não era exatamente o efeito que eu queria. Mas o que me importava? Eu gostava da ideia de cabelo comprido tanto quanto gostava de usá-lo comprido. Não era tanto uma questão de moda, mas de sensibilidade. Era um estilo de vida. Era rock'n'roll. Claro, meu pai odiou. "Você não me engana com todos esses seus malditos disparates", falava, zombando. Quando meu pai me disse que eu tinha que cortar o cabelo ou não iria ganhar o *Forever Changes*, do Love, eu chorei quieto enquanto era tosquiado. Mas valeu a pena. Quer dizer, era o *Forever Changes*, diabos.

Apesar da animosidade dos meus pais com relação à música, meu prazer era inabalável. Eu era um fã no sentido mais verdadeiro: eu era um fanático, um obsessivo. Se eu ouvisse algo no rádio, tinha de saber o que era e quem estava cantando aquilo. E como havia poucas revistas sobre música além da *Tiger Beat*, tudo a que eu podia recorrer eram caras como Fred Kiemel, Robin Scott, Buzz Baxter e o resto dos DJs da KDEO. Através deles e da música que tocavam, comecei a me identificar e me sentir conectado com algo maior do que o que estava à minha volta. Um mundo de sons, ideias e sensações então se abriu — um mundo que ainda hoje continua a existir para mim.

Como possuir uma estética tinha pouca utilidade ou importância para os meus pais, como não éramos especialmente religiosos, como eu não era bom em esportes como os outros garotos da minha rua e como parecia que eu experimentava o mundo, bem, de modo diferente de todo mundo que conhecia, eu me sentia perdido. Me sentia como se não soubesse como ser. Não tinha nenhum plano, nenhum mapa, nenhum guia. Mas quanto mais eu mergulhava na música e mais entendia do que se trata e o que tem a oferecer, mais eu me sentia à vontade comigo mesmo. Não que eu tivesse nada contra o meu pai, mas me ensinar o que estava acontecendo no mundo lá fora não era o seu forte. Honestamente, aprendi muito do que precisava saber com John Lennon. Não era só a sua voz — embora escutá-lo destruir em "Rock'n'Roll Music" ainda me emocione —, era também seu visual, sua inteligência, seu charme e sua sagacidade. Como para muitos garotos nos anos 1960, ver *A Hard Day's Night* foi uma revelação. Eu queria estar numa banda, queria me animar, fazer barulho.

De uma forma menor, isso aconteceria mais tarde para mim. Mas no final dos anos 1960, era suficiente sentir que eu estava no meio de alguma coisa — uma revolução visual e sonora. Cada canção que saía do meu rádio era um acontecimento novo. Sim, havia um monte de merda para vasculhar. Mas esse lixo só aumentava o valor das coisas boas: "I Got You", de James Brown, "I Hear a Symphony", das Supremes, "My Girl Has Gone", dos Miracles, "Make Me Your Baby", de Barbara Lewis, "Make It Easy on Yourself", dos Walker Brothers, "Lies", dos Knickerbockers, "Over and Over", de Dave Clark Five, "The Sound of Silence", de Simon & Garfunkel, "Rescue Me", de Fontella Bass, "Get Off My Cloud", dos Rolling Stones, "Waterloo Sunset", dos Kinks — todos foram capítulos essenciais na minha educação sentimental.

Enquanto os anos 1960 chegavam ao fim e o rádio continuava a evoluir, e enquanto a FM se tornava predominante, um novo movimento chamado "rádio underground" começou a colocar a cabeça para fora. No início dos anos 1970, a KDEO abandonara quase por completo qualquer formato parecido com o que havia existido — o que era tão arriscado para uma estação AM quanto agora — e, ao menos à noite, adotara um modelo de forma livre, que em alguns momentos era abertamente não comercial. Lembro de ouvir músicas de *Bitches Brew*, de Miles Davis, *Ummagumma*, do Pink Floyd, *Music From Big Pink*, da The Band, e até de *Trout Mask Replica*, do Captain Beefheart.

Havia um DJ, George Manning, que tocava os sets mais intrigantes. Ele realmente ampliou meu paladar: Flying Burrito Brothers, Spirit, Neil Young, Fairport Convention, Stooges, Joni Mitchell, Funkadelic, Little Feat. Uma noite criei coragem e fui até a estação, uma pequena casa tipo rancho próxima do Speedee Mart e logo acima do Coronet Five & Dime, na Fletcher Parkway. Bati na porta por quase uma hora até um homem jovem e barbudo todo vestido de preto aparecer e me perguntar o que eu queria. "Ver o que tem aí dentro." George me conduziu por um labirinto empoeirado de velhos discos de pegada "funky" e me levou à sala de controle. Como na cena com Wolfman Jack em *American Graffiti* [Loucuras de verão], me surpreendeu ver o rosto por trás da voz. Ele era muito menor e mais franzino do que imaginava, mas parecia familiar quando falava ao microfone. Depois, voltava lá com frequência, e ele me deixava vasculhar os arquivos e escolher o disco que eu quisesse para tocar no ar. Ele me deixou até mesmo colocar *Oar*, do Skip Spence, na íntegra. Não posso imaginar o que as pessoas que estavam ouvindo acharam daquilo.

Naquele momento, mais do que qualquer coisa, eu sonhava em fazer parte de uma banda, um sonho alimentado pelo filme *Help!*, no qual os Beatles chegam ao que parece ser quatro residências separadas num subúrbio modesto de Londres. Eles surgem no interior de um apartamento extravagante, onde John, Paul, George e Ringo, juntos, compartilham sua música e suas vidas. Quatro em um. O conceito marxista de que indivíduos podem se unir e criar algo maior que a soma de suas partes atingiu um tipo de apogeu na década de 1960, quando o espírito utópico de cooperação e vida comunitária parecia alcançável.

Os Beatles certamente estabeleceram o patamar que, desde então, a maior parte das bandas luta para alcançar. A abordagem livre e experimental do grupo contribuiu profundamente para a música, a ideologia e a cultura, alargando os limites do que se pensava possível. Como eram muito mainstream, os Beatles conseguiram, talvez involuntariamente, ser subversivos. Tudo o que diziam ou faziam era sacrossanto. O fato é que, ao contrário de muitos ídolos pop de hoje, os "Fab Four" realmente tinham alguma coisa a dizer sobre a vida e o modo como alguém podia vivê-la, e seu impacto foi inegável.

Os Beatles demonstravam sobretudo — e isso é algo que me parece geralmente esquecido — que se você se mantivesse firme com o seu grupo de irmãos (ou irmãs), podia criar algo infinitamente superior ao que conseguiria fazer sozinho. Como músicos separados, os Beatles, com exceção de Paul McCartney, não eram virtuosos, e cada um tinha pontos fracos que acabavam sendo compensados por um contexto mais amplo e importante. Por exemplo, uma canção como "Honey Pie" é uma colher cheia de sacarose pura que só tem sabor quando colocada no contexto do clássico de 1968 *The Beatles*, o chamado "Álbum branco". Sozinho, a tendência de McCartney para a doçura permaneceu inalterada, com raras exceções, e seu trabalho solo sofreu bastante. Embora não completamente sem mérito, as gravações pós-Beatles não possuem a mágica que eles criaram como uma unidade.

Assim, no fim do ensino médio, quando aconteceu de fazer amizade com alguns músicos de cabeça parecida com a minha, ajudei a formar uma banda. Nosso nome era Mutt, e de uma forma ou de outra ficamos juntos por mais de uma década.

Tocávamos em clubes e escolas por toda San Diego. Tivemos uma música, "Mission Bay", incluída em *Homegrown Five*, uma coletânea lançada pela KGB, uma rádio local. No final dos anos 1970, trocamos o nome para Catch 22 e nos mudamos para Los Angeles, onde deixamos uma marca mínima, provavelmente nenhuma. Levei a minha vida na música o mais longe que pude. Fizemos algumas faixas decentes, lutamos, tocamos à uma da manhã no Madame Wong para cinco caras bêbados. Também conhecemos nossa cota de figuras peculiares: Norman Ratner, o homem por trás de "Hey Joe", do Leaves, produziu material nosso suficiente para um álbum, que acabou não sendo lançado. O que nós queríamos era alguém que trouxesse energia nova e conhecimento para a banda. O que conseguimos foi esse cara que usava camisas floridas, correntes de ouro e perfume forte, e que passava a maior parte do tempo no estúdio batendo no seu pobre cão Buddy quando ele não conseguia fazer os truques que o dono mandava. Tudo o que posso dizer é: cuidado com o homem que carrega por aí um travesseiro com as próprias iniciais.

Mas, ei, no fim das contas foi uma puta diversão. Não foi *A Hard Day's Night*, mas também não foi tão arrastado como *Let It Be*. Aprendi um pouco sobre cantar, escrever e me apresentar. Aprendi como é fazer um sonho acontecer do nada, como transformar pedaços aparentemente diferentes em algo que faça sentido, como algumas vezes o todo é maior que a soma de suas partes. Sobretudo, aprendi a *ser*. Foi isso que ouvir todos esses discos incríveis e estar numa banda fez por mim: me deu um plano, um mapa, um guia. Esses ideais formaram a pessoa que sou. Foram a minha lição máxima. Tudo o que eu precisava fazer era colocar o Álbum branco, e eu entendia. É um trabalho tão excessivo, incômodo e ambíguo, uma verdadeira obra de arte e inspiração para todo mundo, de Joan Didion a

Charles Mason. É como a mãe da Katie lhe diz em *A Tree Grows in Brooklyn* [Laços humanos]: "Shakespeare é um ótimo livro. Eu ouvi dizer que todo o encanto do mundo está naquele livro; tudo que o homem aprendeu de beleza, tudo que ele pode saber de aprendizado e sabedoria estão naquelas páginas."

Ok, os Beatles não são Shakespeare, mas o Álbum branco permanece sendo uma referência determinante para mim. Com seu design de capa em branco, com laminado falso e fontes simples em relevo, contrastando fortemente com o movimento psicodélico multicolorido do ano anterior, o disco de fato anunciava o fim de uma era e o começo de outra. Embora na época não fosse totalmente aparente, sua "brancura" contrariava algo sombrio e crepuscular. De forma intencional ou não, a ironia havia subitamente se tornado um elemento da música pop.

Comprei minha cópia numa loja chamada Discount Records, em San Diego. Creio que custou algo como 11 pratas (caríssimo, na época), e paguei por ele basicamente em moedas de um e dez centavos para desgosto do caixa. Quando cheguei com ele em casa e retirei o pôster gigante com as letras no verso, me senti esmagado pelo peso daquilo. Trinta músicas que cobriam tudo: music hall, harmonias inspiradas nos Beach Boys, reggae, *musique-concrète*, country e western, folk, heavy metal, canções de ninar disparatadas, blues inglês e, claro, rock'n'roll da pesada. Havia nonsense, havia inteligência. Havia equívoco, havia veemência. Havia loucura, havia gênio. Sobre "Happiness Is a Warm Gun", o falecido Ian MacDonald disse:

> Enquanto racionalmente pode não se sustentar, possui uma força considerável, trabalhando num nível emocional alusivo de que poucos compositores foram conscientes, o que dirá felizes, em exprimir. O som, os arranjos e as performances (especialmente o

vocal de Lennon), tudo contribui para esse efeito; mais significativo é que eles não poderiam tê-lo conseguido se o grupo inteiro não tivesse se juntado para costurar a coisa toda (oferecendo, assim, uma exceção à visão de que *The Beatles* é um set de faixas solos no qual cada compositor empregou seus colegas como músicos de estúdio). Enquanto a canção não poderia ter sido escrita por mais ninguém, todos quatro contribuíram para isso: essa é uma performance dos Beatles.

No fim, o aspecto lennoniano mais puro de "Happiness Is a Warm Gun" é sua extrema ambiguidade. Do clima inicial de depressão, a canção ascende através da ironia, do desespero autodestrutivo e renova a energia de forma obscura para um desfecho que arranca da angústia satisfação exaurida. Audição desconfortável que fascina, a combinação de sarcasmo e sinceridade da faixa permanece sem solução até o seu esvaziamento melancólico final.[3]

Eu recorro ao Álbum branco sempre que preciso que alguma coisa me seja explicada, sempre que preciso de conforto, sempre que preciso me animar. Para mim, não é uma festa nostálgica, o que o autor John Casey chama de "raio lunar da sua incomparável memória peculiar". É algo que, como uma das madeleines de Proust, abre portões para sensações que não apenas fornecem conforto, mas também conhecimento sobre a condição humana. Mesmo que há muito tempo eu já tenha começado a ajustar para baixo minha estimativa sobre quanto posso extrair de contentamento do mundo, para mim ainda não há nada mais excitante do que topar com um disco que aperte todos os botões certos. Como quando fui apresentado

---

[3] Ian MacDonald, *Revolution in the Head: The Beatles' Records and the Sixties* [Revolução na cabeça: Os discos dos Beatles e os anos 1960], 1994.

a "White Lines", do Grandmaster Flash and the Furious Five, "I Will Follow", do U2, "Your Song", de Elton John, ou "La La Means I Love You", do Delfonics. Ou minha audição inicial de *The Queen Is Dead*, dos Smiths, ou *Hounds of Love*, de Kate Bush, ou *Good Morning Spider*, do Sparklehorse, ou *Black Sea*, do XTC, ou *Loveless*, do My Bloody Valentine, ou *Elephant*, do White Stripes, ou *Swordfishtrombones*, de Tom Waits, *Songs of Experience*, de David Axelrod, ou *Astral Weeks*, de Van Morrison, ou *Ziggy Stardust*, de David Bowie, ou *Music for a New Society*, de John Cale, ou *Screamadelica*, do Primal Scream. Ou *Endtroducing...*, de DJ Shadow.

Albert Camus escreveu: "Sobre o que e sobre quem podemos realmente dizer: 'Eu conheço isso!' Este coração dentro de mim, posso senti-lo e julgo que ele existe. O mundo, posso tocá-lo, e da mesma forma julgo que ele existe. Aí se detém todo o meu conhecimento, e o resto é construção." Esses construtos são como testes de Rorschach, e o melhor que podemos fazer é adivinhar seus significados, que, na verdade, são na maior parte apenas nonsense. O pós-modernismo rejeita verdades universais *a priori* e em vez disso abraça a incoerência e a fragmentação, e liberta o artista para jogar com o nonsense. Isso pode resultar em trabalhos que tanto são triviais (pense em reality shows) como transcendentes (pense em Wes Anderson).

O termo "pós-modernismo" é difícil de definir, pois está ligado a muitos aspectos da nossa cultura hoje em dia. Na arte, é uma expressão ampla para os movimentos que se seguiram ao modernismo, o qual, no começo do século XX, foi marcado por uma rejeição dos antiquados valores e tradições vitorianos. Muitos dos primeiros defensores do pós-moderno foram os pós-estruturalistas dos anos 1970, filósofos franceses como Jacques Derrida, Jean Baudrillard e Jean-François Lyotard, todos adotando temas de incerteza e deslocamento que espelhavam o que eles sentiam como sendo a desintegração das bases morais, políticas e econômicas. Modernistas como T.S. Eliot, James Joyce e Virginia Woolf acreditavam que a arte podia fornecer coerência e sentido na falta de sentido. Mas o pós-modernismo, afirma a professora Mary Klages, da Universidade do Colorado, não lamenta a ideia da fragmentação, do provisório ou da incoerência. Ao contrário, celebra essa ideia. Klages diz que, de acordo com Baudrillard, na sociedade pós-moderna não há originais, só cópias, ou o que ele chama de "simulacros". Você pode pensar, por exemplo, em pintura ou escultura, em que existe um trabalho original (de Van Gogh, por exemplo), e mesmo havendo também milhares de cópias, o original é sempre aquele com o maior valor (em especial, valor monetário). Compare isso com CDs ou gravações de música, em que não existe um "original", como na pintura: nenhuma gravação pendurada na parede ou guardada no cofre, em vez disso, como diz Klages, há somente cópias, milhões delas, que são todas as mesmas, e todas vendidas (aproximadamente) pela mesma quantia.

A música popular sempre se baseou na bricolagem (para dizer de forma simpática) e no canibalismo (para dizer de forma direta). No encarte da reedição feita pela Capitol de *Surfin' USA*, Brian Wilson diz o seguinte sobre a canção-título:

> Eu comecei a cantarolar "Sweet Little Sixteen" [de Chuck Berry], e fiquei fascinado com isso. E pensei comigo mesmo: "Deus, que tal tentar colocar letras de surfe na melodia de 'Sweet Little Sixteen'?" O conceito foi em cima de "eles estão fazendo isso na cidade, eles estão fazendo aquilo na cidade", o conceito de ["Twistin' USA" de] Chubby Checker. Então pensei em chamar de "Surfin' USA".

Leia uma crítica de qualquer disco e você não vai deixar de perceber a quantidade de detalhes irrelevantes utilizada. As comparações são inevitáveis porque o rock'n'roll não é nada senão a soma de suas partes. Faz parte de grande tradição do pop pegar emprestado — samplear — seu riff favorito e incorporá-lo ao seu "estilo". Elvis Presley sampleou o estilo de pioneiros do R&B como Roy Brown, os Beatles samplearam as harmonias dos Everly Brothers e Eric Clapton sampleou os movimentos diabólicos de Robert Johnson. Jimmy Page se apossou de "Killing Floor", de Howlin' Wolf, e pronto: "The Lemon Song". George Harrison precisava de uma melodia para "My Sweet Lord"? "He's So Fine", das Chiffons, serviu perfeitamente. MC Hammer saqueou "Superfreak", de Rick James, e aí veio "U Can't Touch This". Os Beastie Boys pegaram o riff de "Back in Black", do AC/DC, e botaram para fora "Rock Hard". O furto é a urdidura e a trama da música pop. E nenhum gênero de música popular é melhor e mais habilidoso nisso que o hip-hop.

O documentário de Doug Pray, *Scratch* — imprescindível, para dizer o mínimo, para qualquer pessoa que ler este livro —, detalha a história da forma. E seu pioneiro, Grand Wizard Theodore, explica a diferença entre hip-hop e rap: o primeiro é a cultura, o segundo, um componente dessa cultura. E o que é essa cultura? É uma cultura baseada no breakbeat, sobre a qual Afrika Bambaataa — fundador da Universal Zulu Nation, no South Bronx, e a quem geralmente é dado o crédito de ter tido a maior influência em moldar a cultura do hip-hop — diz: "É aquela parte que você busca num disco e que simplesmente enlouquece o seu deus interno." *Scratch* narra a vida dos DJs, suas paixões, sua luta para desenvolver uma forma a partir do único "instrumento" que eles tinham disponível: os toca-discos e as coleções de discos dos seus pais. Como observa Naut Humon, cofundador da Asphodel Records, "o ouvinte agora podia participar da música que estava ouvindo". O documentário mostra o hip-hop e os elementos que o acompanham — o MC, o DJ, a arte do grafite e o breakdance — como um modo de vida. O que importa é o estilo livre, a improvisação, a habilidade de mixar as batidas da sua própria maneira. Como quando Mix Master Mike (que é o DJ dos Beastie Boys) faz scratch com um velho disco de blues de Robert Johnson e o passado se torna presente.

Entre os pesos-pesados do hip-hop estão Kool Herc, Qbert and the Beat Junkies, Cut Chemist, Jazzy Jay, Z-Trip, Dot a Rot, Kevie Kev, e Grand Mixer DXT — mais conhecido por sua performance revolucionária como DJ em "Rockit", de Herbie Hancock. Há conversa de extraterrestres e viagem intergaláctica. Há também uma saudável, e ardente, rivalidade entre a maioria deles; competições tais como Disco Mix Club, ou DMC, retratam o turntablism como um esporte sangrento. É o DJ Craze quem diz: "A batalha entre os B-boys [os breakdancers] é de onde vem o hip-hop — de ser competitivo, de botar o outro cara pra fora."

Mas há um DJ em *Scratch* que parece menos preocupado em botar o outro cara para fora e muito mais interessado na música propriamente dita, em suas origens, sua essência. Ele é, como define Cut Chemist, "o rei da garimpagem". Nas catacumbas úmidas debaixo das muito amadas lojas de discos está DJ Shadow, sentado ao estilo de Buda entre pilhas de velhos vinis que alcançam o teto. É um pouco como a cena no apartamento de Rob em *Alta fidelidade*, só que depois de um terremoto. O tom de Shadow é diferente:

Este é o meu pequeno nirvana. Sendo um DJ, levo a arte de garimpar vinis a sério,[4] e esse é um lugar onde venho há 11 anos. É um arquivo de cultura musical, e existe sempre a promessa de encontrar nessas pilhas algo que você vá usar. Na verdade, muito [de *Endtroducing...*] foi feito de discos saídos daqui. Então tem quase que um elemento cármico nisso, tipo "Era para eu ter encontrado esse no topo", ou "Era para eu ter puxado esse porque funciona tão bem com esse outro". Então, significa muito pra mim pessoalmente.

Estar aqui é uma experiência de humildade, pois você está procurando por entre todos esses discos e parece uma grande pilha de sonhos partidos, de certa forma. Quase nenhum desses artistas continua tendo uma carreira, mesmo, então você tem que respeitar. Se você está fazendo discos e você é DJ e está lançando música, sejam mixtapes ou o que for, você está aumentando essa pilha, queira você admitir ou não. Daqui a dez anos, você vai estar aqui — então tenha isso na cabeça quando você começar a pensar algo como "Ah, sim, sou invencível e sou o melhor do mundo", ou seja lá o que for. Porque era isso que todos esses caras pensavam.

É sobre essa reverência e compreensão aguçada de como peças ostensivamente heterogêneas podem de algum modo se encaixar para formar um trabalho orgânico que *Endtroducing...* é construído. Porque, no mínimo, *Endtroducing...* é uma fantasia lúcida, com seleções de várias décadas de batidas esquecidas, sinais de rádio desencarnados e melodias não reclamadas. É um disco que não apenas torna tudo o que é velho

---

[4] "Crate digging", expressão usada no mundo hip-hop para designar a garimpagem de vinis antigos para samplear. (N.T.)

novo outra vez, como também expõe uma dimensão original e curiosamente reconhecível. É um mosaico de grooves, nuances dissonantes e objetos-encontrados sonoros, que, como afirmou o crítico Robert Christgau, "desenvolvem uma fascinação misteriosa sem jamais revelar sua relevância um para o outro ou para outra coisa qualquer".

O que impressionou em *Endtroducing...* quando foi lançado, em 1996, e que ainda impressiona hoje, é o modo como desprende a si mesmo do ancoradouro do conhecido e navega por um território inexplorado que parece existir tanto fora como dentro do tempo. Davis não é só um mestre do sampler e um turntablist supremo, ele é também um sério arqueólogo com uma paixão enorme (a que Cut Chemist se refere como o "sentido de aranha" de Josh) por procurar, descobrir e despedaçar as graças descartadas de alguma outra geração — aquela "pilha de sonhos partidos" — e entrelaçá-las de novo numa tapeçaria de desamparo e beleza crônicos. Notas de piano caem como chuva. Tambores rufam com um *momentum* terrível. Uma explosão de guitarra range de forma indecente. Uma tensão implacável ressoa o tempo todo. Ele disputa as nossas emoções. É música de trilha sonora para um filme de terror psicológico que mesmo David Lynch poderia ter dificuldade de inventar. É a trilha para aquele pesadelo que você não pode decifrar. É uma música que se expande em todas as direções como rachaduras num para-brisa. É andar à noite pela Beacon Street em Boston com a neve caindo e "Midnight in a Perfect World" estourando nos fones.

Recordo a primeira vez que ouvi o disco. Estava dirigindo pelo deserto de Mojave pela simples razão de fugir do clima de Los Angeles. Devia ser final da tarde e eu estava na estrada o dia inteiro. Me sentia exausto, então parei num motel e peguei um quarto. Tirei as roupas, me arrastei até a cama e caí num sono profundo e sem sonhos. Depois do que pareceram dias, acordei, tomei uma ducha, paguei e voltei à estrada. Mas de algum modo, por alguma razão que eu não podia compreender, estava ficando cada vez mais escuro. Primeiro pensei que era o mau tempo chegando, mas então, para meu espanto, entendi o que estava acontecendo: eu tinha dormido por umas poucas horas e tinha acordado e saído do motel no mesmo dia em que havia entrado. E agora a noite estava chegando. Continuei dirigindo, passando por trailers cheios de famílias obviamente animadas com seus planos para o fim de semana. Eles não tinham ideia de que eu os observava. Eu só imaginava como seria jogar o jogo do alfabeto ou falar em voz alta as placas dos carros de todos os diferentes estados. Só imaginava brigar para decidir quem ia sentar à janela e quem ia ficar com a última batata chips. Todas essas pessoas estavam para ter o momento de suas vidas em um destino cuidadosamente escolhido, e aqui estava eu, completamente perdido. Só então lembrei que tinha comigo um CD que comprara uns dias antes e não tinha tido chance de ouvir. Li umas poucas coisas sobre ele que o fizeram parecer interessante, mas eu tinha alguns preconceitos. Coloquei o disco e o ouvi por todo o caminho. Então toquei de novo. E de novo, e de novo. *Endtroducing...* se tornou parte da viagem. Como o Álbum branco, desde então se tornou parte de todas as minhas viagens.

"*Endtroducing...*", segundo DJ Shadow, "é como cada disco que fiz, nele há uma noção de estar começando uma viagem. Você vive coisas e volta ao final — com sorte, tendo aprendido algo ou tendo ganhado alguma coisa com a experiência."

Endtro

Na primavera de 2004, DJ Shadow e eu conversamos pelo telefone durante vários meses. Descobri que Josh se tornava extremamente eloquente, honesto e aberto à medida que ele falava de maneira demorada sobre como havia sido crescer no norte da Califórnia, sobre suas influências e seus mentores, sobre escutar rádio, sobre colecionar discos e garimpar vinis, sobre produzir mixtapes e ser DJ e, claro, sobre como *Endtroducing...* surgiu. Assim, aqui estão as "Tardes de domingo com DJ Shadow":

Podemos começar pelo início?

Nasci em 1972 em San Jose. Meus pais se divorciaram quando eu tinha uns dois anos, e minha mãe, meu irmão e eu nos mudamos para uma cidade chamada Middletown. Ela estava tentando conseguir a licença de professora, então íamos aonde ela pudesse arrumar um emprego dando aula. Acho que a primeira coisa que qualquer criança ouve são jingles comerciais, músicas de desenho animado e as canções de *Vila Sésamo*. Mas não vou fingir que isso foi uma incrível, enorme influência, pois nessa época você está absorvendo tudo o que está à sua volta. E isso é uma coisa sobre a qual sempre pensei, que a música é simplesmente dominante em nossa vida. Mas também aprendi, em certo momento, que a maioria das pessoas nem sequer pensa sobre isso. Elas não são afetadas pela música, seja pelo que ouvem numa loja de departamentos ou no mercado, ou no rádio. Algumas pessoas são afetadas pela música, outras, não.

Quando você está crescendo, compra discos quase como brinquedos: é só uma coisa para entreter. A gente podia estar numa loja de departamentos e querer algo, e discos eram baratos, então comprava um disco. Normalmente, eram coisas de criança. Meu irmão, Dave, que é cinco anos mais velho, colecionava discos e comprou *Snoopy vs. The Red Baron*, do Royal Guardsmen, que tinha saído em versões diferentes. A dele era para crianças, do selo Pickwick, com arte de desenho animado. Me lembro de ter ficado intrigado porque eu lia *Snoopy* nos jornais.

Então, nos mudamos para Davis quando eu tinha cinco anos. Lembro da minha mãe indo a mercados como Albertson's ou Safeway, que naquela época costumavam vender séries de álbuns de música clássica. Você os vê em todo sebo ou brechó dos Estados Unidos hoje em dia porque devem tê-los vendido por peso. Eram realmente baratos. E eram basicamente feitos para despertar o interesse das crianças pela música. Eu sempre fui um colecionador, até onde posso me lembrar, fossem figurinhas de beisebol, histórias em quadrinhos, qualquer coisa. E me lembro que havia um aspecto bacana de colecionador com relação a esses clássicos porque todos eles tinham um design gráfico semelhante. Vinham com o busto do compositor, como Beethoven ou Chopin. Ficava intrigado com essa arte nas capas, com o fato de que os bustos não tinham pupilas nos olhos e tudo o mais — isso dava um toque meio estranho a elas. Minha mãe comprava esses discos para mim porque ela havia enfiado na cabeça que eu tinha uma inclinação para a música. Não sei se porque eu costumava cantar as músicas quando tocavam no rádio ou algo assim. Sendo professora, ela se interessava muito por desenvolvimento infantil. Então encorajava esse meu lado, mesmo que naquela idade — eu tinha cinco ou seis anos — eu estivesse mais interessado em ver os soldadinhos de plástico rodando e rodando no toca-discos enquanto ouvia música. Na verdade, eu nunca pensei em realmente cuidar dos meus discos até meados da década de 1990. Deu alguma coisa na minha cabeça que me fez pensar que era melhor começar a cuidar deles. Porque, antes disso, eles existiam apenas para serem usados, tocados, para fazer scratch, para tocá-los como DJ.

De qualquer forma, meu irmão comprava discos e, à medida que foi ficando mais velho, seu gosto foi ficando mais sofisticado. E meus pais tinham discos também. O gosto musical do meu pai, a quem eu visitava a cada duas semanas em San Jose, era bastante eclético. Ele possuía discos de Isaac Hayes, Three Dog Night, Doobie Brothers, Asleep at the Wheel e Lou Reed. Muito jazz, tipo Maynard Ferguson. Minha mãe, por outro lado, tinha mais rock adulto contemporâneo, tipo Eagles. E então, quando a era disco aconteceu, foi realmente a primeira vez que me lembro de ouvir rádio procurando um tipo de música que eu gostava e o resto da família não tinha. Acho que uma das primeiras coisas que me fez sair de casa para comprar foi "Funky Town", do Lipps Inc.

É uma boa música...

É. Classuda. Gostava dela pelo seu som tecnológico. Soava futurista. Soava como algo que ouviriam em *Guerra nas estrelas*. Minha mãe ouvia e dizia: "Ah, isso é brega." Minha família era muito cínica a respeito de tudo que era moda, ou propagado pela mídia, ou que parecia manipulado de algum modo. E, claro, a disco em certo grau, pelo menos depois de 1977, tinha um pouco de tudo isso. Era manipulada. Mas não começou assim. Havia também um par de músicas que eu gostava na trilha de *Os embalos de sábado à noite*. Me lembro de gostar de ELO também. Mesmo que fosse puro pop, Jack Lynne de fato tinha um talento especial para incorporar a tecnologia de uma maneira natural. Por volta de 1980, eu tinha meu próprio rádio transistor e podia escolher o que queria ouvir. E crescer em Sacramento Valley naquela época era o paraíso do classic rock.

Provavelmente ainda é! [risos]

Provavelmente ainda é. Exatamente, quer dizer, não acho que tenha havido um dia nos últimos 25 anos em que você não tenha ouvido "Freebird" pelo menos vinte vezes, não é? Mas a rádio que acabei escolhendo era uma estação mais aberta chamada KZAP. Tocava Steve Miller Band, mas também tocava coisas como Devo e outras bandas new wave tipo The Cars. Então, como resultado, ela tinha uma reputação de ser uma estação séria de rock. Lembro de escutá-la por um longo tempo. E, assim, o primeiro disco com que eu realmente gastei dinheiro de bom grado foi *Are We Not Men?*, o primeiro do Devo. Daí, por alguma razão, acabei enjoando daquela rádio e fui parar na KFRC, que nos anos 1960 era uma estação AM poderosa e influente que pegava fora de San Francisco e era direcionada à geração hippie. E como as AMs têm um alcance maior que as FMs, eu podia ouvi-la muito bem. Em algum ponto dos anos 1970, a rádio foi vendida e transformada numa AM urbana.

Urbana no sentido de soul music?

Isso. Então, naquela época, começo dos anos 1980, comecei a ouvir Kool and the Gang, The Gap Band, Lakeside e Michael Jackson na fase do *Off the Wall*. Basicamente soul pós-disco. Eu achava tudo bom de verdade. E então ouvi "Rapture", do Blondie. Todo garoto da terceira série, ou acima, sabia recitar o rap inteiro quando aquele disco saiu, sabe como é?

Lembro do vídeo. É aquele em que a Debbie Harry vai descendo a rua toda cheia de si...

...meio que tirando onda com as pessoas enquanto passa. E tem uma cena com alguém grafitando uma parede. Aquele vídeo definitivamente me influenciou. Mas eu não considerava "Rapture" nada mais que um tipo de anomalia new wave. Não achava que fosse de fato um novo gênero de música. Ouvi "Rapper's Delight", do Sugarhill Gang, também, mas para mim parecia disco, como uma música inovadora de disco music, tipo "Disco Duck" ou algo assim. Mas tudo mudou quando ouvi, em 1982, "The Message", com Grandmaster Flash and the Furious Five, e "Planet Rock", com Afrika Bambaataa and the Soul Sonic Force.

Outra coisa que devo mencionar, pois é meio formativo, é que eu costumava andar por todo canto com um gravador, e gravava conversas e discussões familiares, efeitos sonoros. Lembro de ver um documentário sobre como haviam produzido os efeitos de *Guerra nas estrelas* e *O império contra-ataca*. E me lembro de uma cena em que esses caras estavam no campo com um gravador e usavam uma chave-inglesa para bater em molas numa planta elétrica. Era assim que faziam o som de laser. Então eu ia até a porta da nossa garagem e batia nas molas com uma chave-inglesa e gravava os efeitos. Também gravava música, do meu próprio jeito realmente low-fi, colocando o gravador na frente do meu rádio. Era assim que eu gravava música naquela época. E então, em 1982, quando "The Message" saiu, no minuto em que a ouvi pareceu algo tão completamente novo e diferente de tudo que havia ouvido até então que me inclinei e apertei o botão de gravar. Como eu não fazia essas gravações num ambiente fechado, dá para ouvir o que está rolando no resto da casa. Era hora de dormir e minha mãe vem e diz: "O que é isso? Que que você está ouvindo?" E eu: "Shhh, vai embora!" Em algum lugar ainda tenho essa fita. Na verdade, queria usá-la para o início do meu último disco [*The Private Press*], porque é realmente o começo de tudo que veio depois.

Durante o período em que estava gravando músicas como "Beat It" e "Thriller", também comecei a ver coisas nos jornais sobre uma revolução cultural que estava acontecendo na Costa Leste. Me lembro de ver uma reportagem sobre o "Human Beatbox" [Beatbox humano] — era um cara fazendo isso [sons percussivos com a boca] na rua por uns trocados —, e tinha uma multidão em volta dele. Então, um pouco mais tarde, lembro de ver algo sobre breakdance. No minuto seguinte tinha virado um grande assunto da mídia, como os videogames haviam sido. Então, tendo a idade certa para ser completamente influenciado por todas aquelas coisas, a única coisa que acho que me salvou — ao reconhecer aquilo como uma moda — foi, primeiro, o fato de que eu já estava mergulhado na música antes e, segundo, o fato de que, como mencionei, cresci num ambiente familiar cínico demais [risos] e era capaz de ver o contexto geral e pensar, "Ok, todas essas coletâneas K-Tel são um aspecto da moda", mas a música, no seu âmago, e a arte da dança, do trabalho gráfico e de tudo o mais era muito pura. Então pude ver as coisas pelos dois lados. Claro, havia muita exploração rolando, mas fui capaz de enxergar através daquilo, mesmo em momentos cafonas, tipo a *PM Magazine* fazendo uma matéria sobre aquela moda. E me liguei nos pequenos lampejos da coisa real que eu podia ver. Você sabe, por exemplo, mostravam cinco segundos da Rock Steady Crew e daí mostravam cinco minutos de algum otário que não chegava nem aos pés deles no estúdio pegando carona no talento deles. Ou seja, você sempre pode perceber a diferença. Você sente no ar.

Quando tudo aquilo estava rolando, cada garoto na escola, em todo o país, curtia hip-hop. Ou achava que curtia. Todo mundo achava que podia fazer breakdance. Todo mundo achava que podia cantar rap. Na verdade, eram pessoas seguindo a moda da mídia. Mas por volta do sétimo ano, a bolha tinha estourado e de repente ouvir rap ou se ligar àquele tipo de cultura deixou de ser bacana, saiu de moda.

Por que saiu de moda?

Bem, porque as pessoas pensavam: "Por que você não passou para o lance seguinte? Você não sabe que isso é moda?" É como se fosse 1985 e você conhecesse alguém que ainda usava aquela luvinha do Michael Jackson. É tipo, acorda, cara! Se atualiza! Era assim que um monte de gente pensava. E, àquela altura, você realmente tinha de procurar gente que fosse séria a respeito da cultura e da música. Mas no sétimo ano conheci um cara que virou um grande amigo meu, e não posso te dizer quanto ele de fato moldou meu entendimento da cultura e da música. Seu nome é Stan Green. Ele era um artista talentoso, de verdade. Era muito influenciado pelo grafite, pela *spray-can art* e *subway art*, e pelo livro de Henry Chalfont e Martha Cooper, *Subway Art*. Stan tinha a personalidade certa para arte: era muito quieto, reservado e vivia em seu próprio mundinho. E as únicas coisas com que ele se importava, me parecia, eram basquete e hip-hop. Também era um aluno irritantemente bom, como se não precisasse nem mesmo se esforçar. E eu estava sempre lutando para prestar atenção às aulas.

Nos conhecemos porque tínhamos uma aula juntos e ainda faziam pedidos de livros escolares na sétima série, mesmo que na época eu pensasse, como a maioria dos colegas de série: "Ah, isso é para crianças. Se você quer um livro, vá a uma livraria." Mas eu reparei que ele tinha levado um livro escolar sobre breakdance. Disse para ele: "Ei, você curte rap?" E ele respondeu: "Sim, passei um tempo no Texas e tenho umas fitas alucinantes de umas pessoas fazendo mixagem." Ele também conhecia uns caras que tinham acesso a um monte de discos incríveis que nós não conhecíamos.

Mais tarde, nós nos desentendemos. A família dele era bem religiosa, mas Stan sempre tinha resistido a isso. Eu não sou uma pessoa religiosa, então não fui por esse caminho. Acho que depois de um tempo simplesmente ficou difícil para ele tolerar que eu fizesse uma música que não se alinhava com o que era parte dele. Eu sempre senti que foi essa a razão do nosso afastamento, mas compartilhamos muito amor pela música. Ficamos interessados em breaks e em comprar vinis antigos por volta de 1989, e, à medida que ele deixou de gostar de hip-hop, nós ainda tínhamos aquele amor em comum pela música. Ele é a pessoa com quem eu costumava ir nessas viagens loucas de garimpagem, na época em que de fato se podia encontrar alguma coisa. Era muito divertido. A gente sentia que estava fazendo coisas que ninguém mais estava. No fim das contas, havia certa verdade nisso: eu ainda estou para encontrar alguém nos Estados Unidos que estivesse comprando, na época, o mesmo tipo de música que nós, de forma tão pesada. Mas, em determinado momento, houve uma grande discussão com toda a família dele. Então, eu disse: "Bem, sinto muito se vocês se sentem assim." Ainda assim, sou muito grato a ele. Na verdade, em *Endtroducing...* há um grande agradecimento a ele dizendo: "Eu devo minha carreira ao seu apoio. Nunca poderei agradecer o suficiente." Aquele incidente não mancha de modo algum todas as coisas positivas que aconteceram entre nós.

Você se lembra do primeiro disco de rap que comprou?

Foi *Street Beats, Volume Two*, que saiu em 1983. Era uma compilação da Sugar Hill Records feita para ser uma iniciação ao mundo da Sugar Hill. Custava 7,99 dólares por dois discos e eu dividi o gasto com um amigo. Nós compartilhávamos a guarda deles. Meu amigo era de uma família rica e pensava que curtia rap e comprou e decidiu que não curtia. Então foi perfeito para mim porque eu sabia que ele não ia ficar com os discos.

Quem estava no álbum?

Tinha West Street Mob, que sampleou Apache, Grandmaster Flash and the Wheels of Steel e the Funky 4 + 1. Eu realmente gostava de "Break-Dance Electric Boogie", do West Street Mob, porque tinha bastante scratch. Pouco depois saiu o primeiro do Run-D.M.C. [*Run-D.M.C.*, 1984], que foi chamado de punk e inovador por ser tão cru no som e no estilo. E a capa era muito bacana também.

E também lembro que foi por essa época que decidi sintonizar pela primeira vez a estação universitária de Davis, chamada KDVS. Davis é uma cidade universitária e a KDVS, obviamente, era bastante direcionada aos gostos universitários. A primeiríssima vez que sintonizei ouvi "World War III", do Furious Five. Mas aí o que eles tocaram foi Camper van Beethoven, o que não fez sentido para mim. Então perguntei ao meu pai, que sempre me pareceu um pouco mais moderno quando se tratava de música, se ele conhecia alguma estação na região da Bay Area que pudesse tocar só rap. Ele falou da KSOL, que era uma rádio negra independente de longa estrada. Segui seu conselho e aquela noite sintonizei e ouvi — e em algum lugar eu tenho a fita disso — "AJ Scratch", do Kurtis Blow, sendo mixada com "One for the Treble", do Davy DMX. E, você sabe, fui fisgado. Então agora eu tinha bastante acesso à música. Estava ouvindo no carro. Estava ouvindo na KSOL. Estava ouvindo na KDVS. Meu irmão curtia também, então ele pegava fitas com o pessoal da escola. Isso tudo foi entre 1983 e 1984.

Mas não foi até eu começar a comprar na Tower [Records] em San Jose — de novo graças ao meu pai — que o mundo dos 12" se abriu para mim, na verdade. Porém, você sabe, como agora aprendi, muitos discos importantes, fundamentais dos primeiros sete anos de rap nunca chegaram, nunca foram distribuídos na Califórnia.

Por quê?

Bem, muitos deles nunca foram distribuídos fora do Harlem ou do Brooklyn, que dirá do outro lado do país. Era a natureza do que estava acontecendo. Era muito uma onda de vizinhança naquela época. E, pela mesma lógica, um monte de discos importantes dos tempos iniciais de Miami também nunca saíram de lá. O mesmo com relação a discos importantes de Los Angeles. Logo comecei a entender como aquilo tudo funcionava com distribuição e tudo o mais.

Em meados dos anos 1980, comecei a ver um canal independente de TV de San Jose que passava vídeos de hip-hop do Run-D.M.C., World Famous Supreme Team and Grandmaster Flash. Eu podia ver gente fazendo scratch nos vídeos. De algum modo, escutar e ouvir como aquilo era fez sentido para as minhas experiências de tocar o vinil para que ele fizesse coisas. Todo o lance tecnológico deu uma volta de 360° porque aquilo parecia um conceito bastante acessível. E era muito a marca do hip-hop. Era algo que só o hip-hop abraçava e que só o hip-hop parecia fazer. E isso foi bem antes da ideia de mistura de gêneros.

E agora estamos no fim de 1984, quando eu comprei meu primeiro toca-discos.

Qual era?

O que eu pedi foi uma combinação da Sears com toca-discos, rádio e tape deck duplo. Assim dava para copiar todas as fitas do Stan Green, podia copiar meus próprios discos e ainda ouvir rádio e os mixes copiados fora do rádio. Naquele momento eu já sabia os nomes de todos os DJs na KSOL. E tinha também sacado quem era o principal cara que tocava rap na KDVS e a hora do seu programa. O nome dele era Oras Washington. Era um cara negro de Richmond, na Califórnia, que tinha feito faculdade na University of California (UC Davis). Seu interesse real eram bandas como The Time, mas acho que ele decidiu que uma maneira de fazer nome era tocar hip-hop e rap e fazer um programa com isso.

Naquele momento eu já era capaz de absorver um monte de coisas. Eu parei de comprar revistas em quadrinhos. Parei de comprar videogames. Parei de gastar dinheiro em todas as outras coisas que os garotos gastam nessa idade e comecei a economizar para comprar discos. E isso acabou se tornando meu padrão básico de gastos até a faculdade. Eu guardava quase todo o dinheiro que tinha, vendi meus quadrinhos, vendia qualquer coisa [risos], para poder comprar discos. Stan e eu fizemos um esquema: sempre que íamos a uma loja ele comprava dois singles e eu, outros dois. Assim cada um de nós tinha quatro 12" novos para gravar. Com o toca-discos da Sears a primeira coisa que fiz foi ver como funcionava para scratch. E, claro, eu não sabia que era preciso ter um mixer, e que toca-discos com correia [*belt-drive*] não funcionam do mesmo modo que os toca-discos sem correia [*direct-drive*], e que isso tem a ver com o motor no toca-discos. Se você puxa para trás o disco num aparelho com correia, a correia desliza e ele não volta de novo muito rápido, então você tem de empurrá-lo. O que descobri mesmo foi que, se eu segurasse o botão seletor entre "tape" e "phono", podia gravar uma fita e fazer scratch por cima dela. Foi como se tivesse encontrado uma falha no toca-discos. Eu tinha querido meu próprio aparelho de som por tanto tempo que quando consegui eu fui absorvido por ele. Ele se tornou parte da minha corrente sanguínea. Eu tocava cada botão, ficava sentado ouvindo o rádio, gastava o tempo todo com ele infinitamente.

Uma curiosidade: pode me dizer qual é a diferença entre turntablism e scratching para você?

Turntablism é a descrição do tipo de scratching que se espera que vai fazer com que as pessoas que não ouvem hip-hop sentem e digam: "Hummm, talvez isso seja música de verdade." O turntablism tem um aspecto virtuosístico que, para mim, é quando as coisas começam a virar *jazzy*. E eu não sou um grande fã de quando as coisas começam a se tornar *jazzy*. Porque quando penso em *jazzy*, penso em Wynton Marsalis. Ele veio falar na minha aula de estudos afro-americanos na UC Davis quando eu era calouro. Me lembro dele em pé lá na frente, detonando o rap durante vinte minutos seguidos, adorando o retorno que estava tendo daquela plateia branquinha. Como se eles estivessem superexcitados de finalmente ouvir um cara negro falar contra o rap. Me lembro de que fiquei lá sentado, pensando: "Ah, isso é uma merda." Depois desabafei sobre isso na aula. Desde então tenho essa coisa contra pessoas que intelectualizam tudo demais e transformam isso numa conversa restrita a poucos. Então, quando algo começa a ficar *jazzy* — e você vai ter que falar isso assim, [sussurra] *"jazzy"* — eu corro na outra direção porque *jazzy*, para mim, não é onde está o lance.

Você se lembra de algumas das suas primeiras mixtapes?

Eu comecei imitando meus heróis. "Step Off", do Grandmaster Flash, tem um solo de scratch. Vários discos estavam começando a ter solos de scratch. E eu imitava o scratching que eles estavam fazendo. Mas o fator X, o grande ponto de interrogação na minha cabeça, era: "Ok, ainda que eu consiga alcançar os mesmos padrões, que sons eles estão usando? Que discos são esses que eles estão usando para o scratch?" Eu estava tentando entender o que rolava em "One for the Treble" e "Step Off". Ambas usavam o mesmo som para o scratch, e, anos depois, aprendi que era a chamada no início da batida em "Ashley's Roach Clip", dos Soul Searchers.

Eu não compreendia que havia toda uma cultura que era muito underground, e muito poucas pessoas sabiam disso na época. Era uma cultura underground concentrada quase exclusivamente em Nova York e na Filadélfia, onde havia toda a cena breakbeat e todos esses DJs. Os discos que eles estavam tocando eram exatamente os sons que eu andava ouvindo. E eu não sabia que sons eram esses. Comecei a entender que eu podia fazer o que eles estavam fazendo — só não podia fazer soar igual porque não tinha aqueles discos. Não tinha aqueles breakbeats. Não tinha as chamadas, sabe, aquelas chamadas de sopro que pontuam o que está no breakbeat, na batida. E era isso que todo mundo estava usando para o scratch. Ou certas frases ou certos sons. Todos esses sons clássicos de scratch. Eu não sabia que diabos essas coisas eram. E isso virou minha obsessão seguinte: destrancar essa sabedoria secreta. Mas era como se ela não estivesse em lugar nenhum para ser achada. Quer dizer, você não podia ir à internet e descobrir que merda era aquela. Eu não podia falar com ninguém na Califórnia, fora provavelmente com alguns caras de Nova York que viviam em Los Angeles e que eu não conhecia e que poderiam me explicar alguma coisa daquilo. Mas então eu li o livro do David Toop, *Rap Attack*. Aquele livro me ajudou a ligar os pontos. Comecei a entender um pouco mais a evolução da música e da cultura.

Você alguma vez conseguiu botar as mãos na música propriamente dita?

Em alguns casos, sim. Uma vez consegui a lista de um distribuidor na Barney's, uma loja de discos independente em Davis. Eu perguntei ao cara que trabalhava lá, que parecia ser solidário quando eu ia comprar discos de rap: "Olha, tem um monte de discos que eu quero. Existe uma maneira de vocês encomendarem?" Então ele me mostrou a lista da distribuidora, e eu pedi praticamente tudo que tinha cara de ser rap. Levou umas seis semanas e finalmente alguns deles chegaram. Me lembro de que naquela leva havia dois discos que foram muito importantes para mim. Devia ser meados de 1985. Um era *What I Like*, do 2 Live Crew, e o outro era *Techno Scratch*, do Knights of the Turntables. Ponha *What I Like* pra tocar e você vai entender o porquê de eu ter ido à loucura. É porque há tantos scratches e cortes diferentes ali!

Quando você começou a se interessar por comprar discos antigos?

Em 1987, fui à única loja de discos usados de Davis e comprei discos como *Dance to the Drummer's Beat*, do Herman Kelly, que é um breakbeat clássico, e *Payback*, álbum duplo do James

Brown. Esses discos todos custavam três dólares. Eram baratos porque não havia um mercado de verdade para aquilo fora do Bronx, de Manhattan e do Brooklyn, onde os DJs de hip-hop eram roubados pelos vendedores de discos locais por esses breakbeats clássicos. Mas na Califórnia ninguém estava muito interessado naquilo.

Comecei a fazer fitas de alguns discos do James Brown, e coisas assim, por volta de 1987 para complementar minha dieta normal de hip-hop. E a única pessoa que parecia se devotar de verdade à mesma paixão era meu amigo Stan. Ele passou a curtir soul e Parliament e sons desse tipo. Mas, para mim, o rap soava como a trilha sonora da minha vida, de um jeito meio esquisito, mesmo que eu não vivesse em Nova York e não pudesse realmente me identificar com muitas das coisas que eram ditas. Era tão dinâmico e tão poderoso naquela época que eu simplesmente não via a necessidade de ouvir muito mais além disso.

No verão de 1988, fiz uma fita da cópia do meu pai de *Hot Buttered Soul*, do Isaac Hayes, e da música "Hyperbolicsyllabicsesquedalymistic". Mais ou menos com uns cinco minutos de fita rolando há um riff de "Black Steel in the Hour of Chaos", do Public Enemy. Mas, você sabe, na época o disco do Public Enemy não tinha saído ainda. Então, quando saiu, e eu ouvi aquilo, foi a primeira vez que pensei: "Puta merda, eu podia, teoricamente, hipoteticamente, ter pegado essa batida." Porque eu senti como se estivesse chegando junto do grupo de rap que, porra, é o mais importante que existe. Quer dizer, obviamente, eu nunca fiz um disco tão bom como aquele, mas na minha cabeça eu estava pensando, de um ponto de vista de produção ou de DJ, que pelo menos estava no caminho certo.

Quando você apresentou suas coisas pela primeira vez?

Eu ouvia o Oras Washington e seu programa de hip-hop na KDVS. Ele sempre pedia às pessoas que ligassem com pedidos. Um dia eu liguei e pedi um som bem obscuro e hardcore de Nova York, e ele ficou, tipo: "Caramba, quem está pedindo isso?" [risos] Me apresentei pelo telefone.

Eu tinha 14 anos. Procurei o Oras porque ele era mais velho que eu e estava tentando mixar, e tocava uma variedade ampla de coisas boas. Em determinado momento perguntei a ele se podia ir lá e vê-lo fazendo o programa. E ele disse: "Claro que sim." Então eu fui, e, você sabe, ele tinha uns 23 anos e eu era esse garoto branco e magrelo. Acho que ele ficou alucinado com a minha dedicação à música. E também, em certo ponto, fui corajoso o suficiente para tocar para ele uma das pequenas mixagens que eu tinha feito no meu aparelho Sears. Tentei fazer minha versão do lado instrumental de "What I Like", do 2 Live Crew. Oras disse: "Ok, vou tocar isso. Faça uma mixtape de vinte minutos que eu toco ela." E recentemente eu achei aquela fita. [risos]

Eu dei a ele a fita, e então fui pra casa e liguei o rádio e comecei a gravar. De repente, Oras manda: "E agora nós temos uma surpresa especial: Josh, de Davis, e ele tem um mix." Para piorar as coisas, a fita não começou imediatamente. Fiquei preocupado que ele fosse tirar, sabe como é, que eu tivesse perdido minha chance. Eu sabia que tinha colocado no ponto certo, não podia imaginar o que tinha acontecido. Talvez ele tivesse voltado a fita ou algo assim. Oras foi pro microfone e disse: "Ah, deve começar em um instante." Meu coração estava sufocando. E então finalmente começou. Eu fiquei flutuando acima das ondas.

E então pensei que se eu estava em casa gravando aquilo talvez alguém mais também estivesse.

Foi também a primeira vez que conheci um DJ que vivia disso. Ele estava na faculdade, mas tocava em casamentos e festas e discotecava em clubes. Ele me deixava ir à sua casa e usar o seu Technics 1200, que era um toca-discos que custava quinhentos dólares na época e estava bem longe das minhas possibilidades financeiras. Era como ter nascido para ser um piloto de carro de corrida e, pela primeira vez, sentar numa Ferrari. Tão logo peguei no Technics foi como se eu estivesse incorporando aqueles caras. Não podia fazer tudo o que alguns deles faziam, mas conseguia fazer o que outros faziam. E comecei a desenvolver meu próprio estilo. Mas, de novo, a coisa naquela altura ainda era imitação.

Em 1998, um grande show de rap estava para acontecer no Oakland Coliseum com artistas da Def Jam como Run-D.M.C. e Public Enemy. Oras perguntou se eu queria ir. Pensei que não havia nenhuma chance de meus pais deixarem. Mas, pensando em retrospecto, eles foram realmente encorajadores e entenderam que eu era apaixonado por aquele tipo de música. E me deixaram ir.

Infelizmente, não conseguimos entrar no show. Em tese, também iríamos ao backstage, e não fomos. Mas depois fomos ao Holiday Inn, onde todos os grupos estavam hospedados, e conheci todo mundo, de Chuck D e Flavor Flav a Eric Sermon e Terminator X. Peguei os autógrafos deles. Flavor estava circulando com um som portátil dos Muppet Babies, escutando *It Takes a Nation of Millions*, do Public Enemy, que ainda não tinha saído. As pessoas chegavam em mim dizendo, "Ei, cara, dá uma sacada na minha fita", tipo, "Você deve ser alguém". Me senti como um deles, em certo sentido. Senti que as pessoas estavam me olhando, tipo, "Ah, você podia estar no negócio", ou, "Você é DJ? Ok, maneiro. Saca meu novo som". Ninguém nunca tinha me tratado assim antes.

De repente, houve uma grande confusão. Me lembro do Oras correndo em círculos pelo lobby: "Josh, cadê você, cara? Não faz isso comigo!" Eu ia atrás dele, dizendo: "Estou bem aqui! Para! Tô bem aqui!" E ele simplesmente continuava correndo em círculos porque não conseguia me ver. Então garrafas começaram a voar e de repente todo tipo de merda estava sendo jogada pro alto. Os policiais apareceram e a última coisa que vi foram esses dois sujeitos parando um Cadillac e arrebentando o porta-malas. Foi quando disse: "Hora de ir!"

É! [risos] Uau!

Não sei o que aconteceu ou qual foi a razão daquilo. Estávamos dirigindo pra casa e Oras ficou tipo: "Ah, cara, eu sinto muito mesmo." Mas pra mim foi completamente ok. Foi meu momento hip-hop.

Aquela foi a primeira experiência com a indústria, ver os executivos e diretores de selos, os caras do marketing; foi minha pré-estreia em relação à ponta final do processo. Foi como se alguém abrisse as cortinas e dissesse: "Tudo bem, você só pode ficar aí dentro por quatro horas e depois tem de ir sentar lá do outro lado onde o resto das pessoas fica." Fui fisgado, em um sentido completamente diferente. Chuck D ficou me olhando num clima: "Cacete, quantos anos você tem?" Eu disse pra ele: "'Rebel Without a Pause', quando você fez um loop com isso e aquilo…" E ele ficou me encarando, tipo: "Porra, como é que você sabe essa merda?" Naquela época, acho que eu tinha uma atitude que dizia: "Se você curte rap não devia saber isso?"

Foi bacana o Oras ter aberto esse mundo pra você. Teve mais alguém nesse começo?

Em 1989, encontrei um camarada chamado Chris Rivers. Como Oras, ele era um cara negro da Bay Area que foi parar na UC Davis. Sabia que eu fazia scratch, e havia muito poucas pessoas em Davis que faziam scratch. Olhando pra trás, acho que eu devia parecer algum tipo de idiota com savantismo ligado em hip-hop, pois eu era muito fanático e inocente, devia mostrar muito entusiasmo. Chris me apresentou a um rapper chamado Swee D. Ele tinha um pequeno estúdio caseiro com um gravador de quatro canais e um teclado. E esse cara fazia vocais. Então, fiz um scratch. E o que acabamos realizando seria o primeiro projeto de gravação no qual estive envolvido. Foi só em fita. Swee D também disse: "Deixa eu ver se você sabe dançar também." Foi a primeira experiência que tive de estar num quarto com pessoas dizendo: "Faz desse jeito. Ok, você vai deitar aqui, vem cá."

Quando você conseguiu seu primeiro equipamento sério de gravação?

No fim de 1988, eu estava com um amigo do meu irmão que tinha um gravador de quatro canais primitivo, e ele me falou sobre um novo Yamaha que estava sendo lançado, um MT-100. Era a opção acessível dentro do universo dos quatro canais. Fiquei obcecado com aquele porque comecei a pensar nos mixes que poderia fazer. Então comecei a guardar dinheiro. Eu ganhava dez dólares de mesada por semana, e em algum momento nessa época, por volta de 1989, trabalhei numa pizzaria. No fim, acabei conseguindo comprar. A partir dali comecei a fazer experiências com loops. Eu não tinha um sampler, basicamente o que tinha eram dois toca-discos JVC de correia baratos. E quando comprei o gravador de quatro canais o que fazia era pegar um disco velho com um break e, se você conseguir imaginar, ficava buscando o ponto certo, no meu headphone, e então botava para gravar no canal um do quatro canais, por exemplo. E digamos que a batida fosse simplesmente "boom t-gat t-boom boom-boom gat", e digamos que fosse tudo que eu quisesse ou que houvesse no disco. Aí eu cortava no tempo certo. "Boom t--gat t-boom boom-boom." Certo? Para a fita, volta a fita, puxa o disco de volta, coloca no ponto e toca a fita, "boom t-ba t-boom boom-boom ba", bota pra gravar, "boom t-ba t-boom boom--boom ba", e eu tocava o disco de novo. Então, no próximo canal, talvez eu usasse um scratch de vocal. E, em outro canal, acrescentava outra coisa. Assim, com essa técnica, era capaz de fazer batidas cruas, que não eram sempre precisas porque isso dependia de eu ser preciso na marcação do ponto certo do disco e na hora de apertar o botão de gravação.

A fita mais antiga que eu tenho feita com o MT-100 é de abril de 1990. Me lembro de fazer algo com "The Revolution Will Not Be Televised", do Gil Scott-Heron, que um par de outras pessoas já havia usado. Mas isso era numa época em que não era considerado um pecado usar o que outros já haviam usado. No entanto, sei que foi quando ouvi coisas que não tinham sido usadas antes que comecei a ficar realmente interessado. Primeiro você tenta fazer batidas que soem como as batidas que gosta nos discos. Da mesma forma, quando você começa a fazer scratch, já está imitando os scratches que ouviu. Eu tentava fazer batidas que soassem como as coisas que saíam nos discos da Def Jam, da Profile ou da Tommy Boy.

Outro cara que Oras me apresentou foi um rapper chamado Paris. Ele foi a primeira pessoa a me levar para um estúdio de verdade. Era de San Francisco e tinha um pequeno selo chamado Scarface. Ele lançou um par de discos que eu curtia. Um era "This Beat Is Def", de um grupo chamado ATC. Era melhor que a média das coisas da Bay Area, que, pra mim, simplesmente não tinham a energia cinética certa. Não sacudiam como as coisas da Costa Leste ou de Los Angeles. Paris e eu nos demos muito bem. Ele lançou um EP chamado *By Night*, que era incrível. Tinha capa colorida e parecia profissional. Daí fiquei sem vê-lo por um tempo. E só fui saber dele quando vi seu vídeo na MTV. Ele tinha entrado na Tommy Boy e lançado um álbum chamado *The Devil Made Me Do It*. Era bem no espírito do Public Enemy — alguns diriam que talvez um pouco demais.

Quando entrei em contato com ele de novo, ele não estava se dando bem com a Tommy Boy, e de fato acabou saindo fora do selo. Ele estava começando a trabalhar no seu álbum seguinte e se lembrou de que eu estava por ali produzindo sons, batidas e que era capaz de fazer scratch. Ele também tinha tido um desentendimento com seu DJ e precisava de scratch. Por acaso, eu tinha comprado um Cadillac Sedan de Ville por 1.800 dólares e podia dirigir as duas horas e meia até East Palo Alto, onde ficava o estúdio dele. Eu levava um monte de discos comigo e ele ficava lá trabalhando nas faixas. Eu fiz scratches e muitas batidas pra ele. Se você olhar o encarte de *Endtroducing…*, eu agradeço a Paris por ter "me ensinado 'o jogo'". O que eu quis dizer com isso é que ele me ensinou que você tem de ficar de olho quando se trata de fazer batidas para as pessoas e na forma como você escolhe ser pago. Porque, em retrospecto, eu me fodi. Mas não tenho absolutamente nenhum ressentimento quanto a isso.

Ele te enrolou?

Bem, a maneira como funcionou foi que ele me ligava e dizia algo como: "Preciso de umas batidas." Paris me enrolava e ficava falando como o meu cabelo era engraçado. Era tipo: "É, você não tá fazendo merda nenhuma. Acerta essa batida aí." Eu tocava umas coisas em que estava trabalhando, uns samples que eu achava bacanas. E ele dizia: "Esse é uma merda. Esse é uma merda. Esse é bacana." E então dizia: "É, joga esse na fita pra mim." Várias vezes ele simplesmente sampleava a fita que eu tinha dado pra ele. [risos] E, de modo geral, ele me pagava uma grana por ter achado os samples. Mas, como eu disse, naquela época eu não reclamava, porque ele estava me tratando corretamente na maior parte do tempo. Acho que, no fundo, ele respeitava o que eu estava fazendo.

No fim das contas, Oras, Paris e Chris Rivers foram provavelmente as três pessoas, entre 1986 e 1991, que funcionaram como as principais forças positivas na minha evolução musical. Chris me apresentou a um monte de gente que ajudou a ampliar o meu entendimento de discos, do que é trabalhar com sampling e como DJ, e de estar com uma galera produzindo. Eu agradeço a ele profusamente no encarte de *Endtroducing....* Ele nunca disse uma palavra de desencorajamento e sempre teve tempo pra mim. Muita gente, no começo da minha carreira, me ajudou muito além do esperado. Só posso supor que o meu entusiasmo devia atraí-los. Porque, sob alguns aspectos, não faz nenhum sentido o quanto essas pessoas eram acolhedoras e prestativas. Todos esses caras eram mais velhos que eu. Eles pareciam conhecer o mundo. Todos tinham carros e iam de uma festa a outra, e eu pensava: "Uau, esses caras estão realmente fazendo acontecer." E me sentia como se estivesse fingindo.

Quando você começou na UC Davis?

No verão de 1990. Oras tinha se formado em 1989, então houve um período de mais ou menos um ano e meio sem hip-hop no rádio em Davis, pelo menos sem verdadeira substância. Um dia aconteceu de eu estar na Tower Records em Sacramento, comprando LPs. Vi uma playlist da KDVS de um cara chamado DJ Zen. Eu estava olhando a seleção dele e pensando: "Porra, esse cara sabe o que está fazendo." Era uma lista de quem conhecia, não uma seleção estúpida qualquer. Pensei: "Ok, uau, tem alguém na KDVS fazendo alguma coisa de novo. É melhor eu dar uma checada." Descobri o horário do programa e comecei a ouvir. E, em algum momento, como havia sido com o Oras, eu liguei pra lá e comecei a conversar com ele. Fui à rádio e vi o programa. Era bom. Ele não tentava mixar como o Oras fazia, só tocava as músicas. E ele definitivamente tinha uma inclinação política, o que no hip-hop daquela época era bastante normal. Para pessoas que tinham o que dizer, que queriam botar pra fora alguma coisa, ou que queriam um palanque pra subir, o hip-hop era um meio conveniente. Em algum nível, isso tirou um pouco da graça, mas uma parte da música ainda era apaixonante, e parte da política também era apaixonante, então estava tudo certo. Jeff [Chang, o DJ Zen] e eu começamos a andar juntos e, em algum momento, perguntei se podia tocar coisas minhas. Ele ficou intrigado de saber que eu era DJ e sabia fazer scratch, e começou a tocar minhas coisas na rádio, pequenas faixas aqui e ali, sons que eu vinha trabalhando no quatro canais.

Eu trabalhei nas minhas faixas durante todo o primeiro ano de faculdade. Pensava que talvez conseguisse mixar como alguns dos caras que ouvia na KMEL. Pensava que podia fazer o scratch como um monte de gente que eu ouvia em disco e que, apesar das minhas batidas não serem tão bem-acabadas quanto as de quem estava usando samplers, pelo menos eu estava usando coisas interessantes. Eu sentava ao computador, porque minha cabeça estava pegando fogo, como acontece quando você começa a faculdade, e escrevia toda essa propaganda sobre como eu ia dominar o mundo do hip-hop. Não de uma forma arrogante ou agressiva. Eu tentava colocar a coisa em termos políticos — que eu estava tentando começar uma revolução musical, e quem iria se juntar a mim, esse tipo de coisa. Era meio que um manifesto, muito na linha de algo que faria o DJ Zen feliz.

Por volta dessa época fui à KMEL, que era bem influente no mercado urbano de San Francisco. De algum modo, consegui um encontro com o diretor de programação. Entrei na sala dele e disse: "Você precisa me contratar. Seus mixes estão ficando caídos. Eu sou o que você precisa." O cara estava olhando pra esse moleque de 18 anos, tipo: "Esse garoto é engraçado. Vou dar uma chance pra ele." Comecei fazendo mixes em quatro canais realmente complicados que duravam 45 minutos. Logo em seguida, comecei a ligar para selos como Tommy Boy, Profile, Wild Pitch, Rap-a-Lot e eles diziam: "Você faz mixes na KMEL?

Vamos te mandar todos os nossos produtos imediatamente." Porque eles sabiam que a KMEL era uma força grande e importante. Era um ótimo cartão de visita. De repente, todo mundo virou meu amigo [risos], todos esses caras do marketing das gravadoras que trabalhavam com as rádios. Então, nesse ponto, eu não só estava recebendo discos dessas pessoas, como também ganhava pôsteres, adesivos e qualquer tipo de item promocional que aparecesse. Em troca, eu colocava a música deles no ar, porque é assim que funciona.

Mandei uma de minhas demos para a revista *The Source*, que na época era bastante underground. Eles tinham uma coluna chamada "Unsigned Hype" (que destacava artista sem contrato), pra onde as pessoas mandavam suas demos na esperança de ganhar uma pequena referência na coluna e com isso correr atrás de um contrato. Eu enviei uma fita à coluna. Foi interessante porque, acho que deve ter sido em 1998-99, *The Source* fez uma edição de dez anos apresentando perfis de todo mundo que havia estado na "Unsigned Hype" e que tinha ido em frente e feito alguma coisa. E eu estava nela. Fiquei feliz que eles não me esqueceram! [risos] Mas pessoas como Notorious B.I.G. começaram lá. Foi bacana estar naquele grupo.

Você recebeu respostas às suas demos?

Eu mandei demos para a Tommy Boy, a Profile e a Wild Pitch — e cada demo que enviei rendeu algum tipo de trabalho. Também encaminhei para um outro cara na *Source* chamado Dave "Funken" Klein. Ele era diretor do marketing promocional da Def Jam. No começo, Funken Klein escrevia para uma revista chamada *Dance Music Report*, que era dedicada aos DJs de clubes e casas noturnas. Gostava do estilo dele porque ele era muito honesto. Se uma coisa não era boa, ele dizia que não era boa. É difícil você encontrar pessoas em posição de poder que de fato são capazes de expressar sua opinião sem risco de repercussão política. Quando a *Source* começou, ele passou a escrever pra eles porque, obviamente, fazia sentido. Ele escrevia sobre hip-hop. Era um cara respeitado. Parecia que todo mundo em algum momento tinha recebido uma força dele. Então mandei uma fita. E, por acaso, ele tinha acabado de ser chamado para começar uma divisão de rap na Hollywood Records, em Los Angeles, que era, curiosamente, o selo de discos da Disney. A divisão de rap ia se chamar Hollywood BASIC.

Em que ano foi isso?

Mil novecentos e noventa e um. E, quando dou por mim, um cara chamado Albee, da Tommy Boy, está pedindo que remixe *Planet Rock*, do Afrika Bambaataa, que é um dos discos mais influentes já feitos, sem paralelo. Certamente, um dos mais influentes dos anos 1980. A Tommy Boy estava fazendo um projeto de aniversário de dez anos com *Planet Rock*. O disco tinha sido lançado em 1982 e eles queriam fazer alguma coisa pra sair em 1992. Então, estavam chamando DJs de todos os lugares pra remixar as músicas. Lá no fundo da minha cabeça, fiquei pensando: "Caramba, talvez não seja uma ideia tão genial, porque é como reinterpretar a *Mona Lisa*. É um clássico. O que seria possível acrescentar?" Mesmo assim aceitei, porque não queria desperdiçar a chance de me envolver com a Tommy Boy. Concordei em fazer, e foi aí que o lance com o Paris deu a volta completa. Era a primeira vez que eu entrava num estúdio de verdade por conta própria. Como eu não conhecia nenhum outro lugar, acabei indo ao mesmo estúdio que o Paris usava, em East Palo Alto. A Tommy Boy me deu uma cópia do rolo original de duas polegadas. Eu não tinha ideia do que eram rolos. Tudo isso era tão novo pra mim. Eu não tinha ideia de como íamos fazer aquilo.

Você não tinha um engenheiro de som trabalhando com você?

Sim, tinha um engenheiro. Felizmente, ele pôde ajudar a me situar. Eu não sabia como sincronizar as coisas. Não sabia como ia fazer aquilo. A Tommy Boy me deu 750 dólares de saída e isso serviria para pagar a comida, a gasolina e o aluguel do estúdio por aquele único dia. Eu tinha que ir lá e fazer tudo em um dia. Eu estava apavorado. Mas nós conseguimos. E o resultado, eu achei, foi ok. Achei que ficou bastante bom. Quer dizer, naquela época, eu achava que tudo que eu fazia era ok. Era difícil pra mim distinguir de verdade o que era muito bom do que não era lá essas coisas. Como o único retorno que eu tinha tido era positivo, não sei o que eu estava esperando. Mas fiquei arrasado depois que mandei o resultado pro Albee, na Tommy Boy, e não consegui falar com ele ao telefone por duas semanas. Então, quando consegui, ele disse: "Hum, é, recebi, recebi. Você sabe, ficamos todos realmente desapontados." Foi como alguém deixando sair o ar de um grande balão. Eu só disse: "É, a coisa simplesmente não estava rolando." Fiquei arrasado. Foi também quando aprendi uma grande, grande lição — para a vida toda —, que permaneceu viva ao longo de toda a minha carreira: nunca faça nada só pelo dinheiro.

E o que aconteceu com Funken Klein e a Hollywood BASIC?

Quando Funken Klein pegou a fita, me ligou e disse: "Estou começando um selo e queria te arrumar algum trabalho. Então, fique ligado." Um mês depois, mais ou menos, fui com Jeff Chang à Gavin Convention, que é o maior evento das rádios universitárias. Foi a primeira vez (sem contar quando fui ao grande show de rap em Oakland em 1988) que realmente fiquei ombro a ombro com a elite do hip-hop. Pessoas me davam demos, pois o raciocínio geral era que se você estava ali devia ser alguém. E, claro, eu tinha o cartão de visita da KMEL. Então as pessoas me viam, você sabe, e pude conhecer direito gente como Albee pela primeira vez. Foi incrível, porque, quer dizer, estou sentado aqui falando com Russell Simmons, de repente estou falando com KRS One. MC Search está indo pegar um cheeseburger. Conheci Funken Klein.

Lembro de sair do encontro pensando: "Não posso acreditar no que acabou de acontecer." Pouco tempo depois, Funken Klein deixou uma mensagem na minha secretária eletrônica: "Preciso que você me faça um megamix de todas essas coisas novas que estamos lançando. Acho que te consigo 3 mil. Ok, me liga." Eu fiquei subindo pelas paredes. Mas, como eu disse, depois do lance com a Tommy Boy, o dinheiro... se eu não estivesse a fim, não teria importado. Só que eu estava fazendo o que amava fazer e de qualquer modo já fazia mesmo, para a KMEL, de graça, e o fato de que as pessoas agora me ofereciam dinheiro de verdade por isso era incrível. Achei que era muito bacana da parte dele, pois ele sabia que eu era simplesmente um cara qualquer de lugar nenhum, recém-saído da escola, sem equipamento, e eu dizia: "Dave, tem certeza que tudo bem? Você sabe, estou te mandando uma fita." E ele: "Claro, acho que está ótimo!" Ele achava muito bacana. Ele achava que aquilo era a coisa mais básica, de raiz, com que poderia se envolver na vida.

O que você deu a ele?

Conheci um cara chamado James Presley, amigo do Jeff Chang. Ele tinha todos os volumes da *Ultimate Beats and Breaks*, uma série muito influente de bootlegs que tinham lançado em Nova York. Eles eram o mapa da mina para o que todo mundo estava sampleando, de 1986 a 1991. No seu coração gentil, James me emprestou a série inteira para que a absorvesse, digerisse e cuspisse fora na forma de uma faixa chamada "Lesson Four", que foi minha primeira gravação. Eu dei uma cópia pro Funken Klein e disse: "Você precisa me contratar." Dave ligou de volta, dizendo: "Sim, é legal. Posso te dar uma grana por ele." E pronto! Então foi isso. Agora o problema era que "Lesson Four" estava saindo na época dos primeiros grandes ataques ao uso de samples. O De La Soul estava sendo processado por uma fortuna pelo The Turtles e os Beastie Boys, por Jimmy Castor, e de repente toda a questão da legalidade do sampling começou a mostrar sua face mais feia. E, claro, tudo isso era só porque o rap estava gerando dinheiro. A Hollywood BASIC me mandou um fax dizendo: "Precisamos que você liste todos os samples e os créditos do compositor." Escrevi de volta: "Bom, eu usei cerca de oitenta músicas em 'Lesson Four'." E eles: "Ok, faça isso assim mesmo." Levei umas três horas e listei tudo. E o que eles acabaram decidindo foi lançar apenas como disco promocional, porque se eles não fossem lucrar com o disco, acho que as leis de direitos autorais não se aplicavam. Prensaram oitocentas cópias e distribuíram. E, para tirar o máximo dessa oportunidade, porque era o primeiro disco com meu nome na capa como artista, meu amigo Stan Green fez uma filipeta. Fiel aos meus princípios políticos daquele tempo, dizia: "Parem com o estupro do hip-hop!" [risos] Tinha um grafite me retratando com um chapéu e umas botas grandes, que na época eu não podia comprar mas que todo mundo estava usando. Quando fiquei conhecido, virou um disco que as pessoas queriam achar, já que foram feitos tão poucos.

Então, numa sequência rápida, fiz várias coisas pra Hollywood BASIC. Fiz um megamix, que só saiu num CD promocional que eles fizeram chamado *Basic Beats*. Fui bem pago pra fazê-lo. Os cheques tinham o Mickey Mouse impresso [risos], pois eles eram uma divisão da Disney. Usei toda a grana em equipamento, e um tanto em gasolina, já que tinha um Cadillac grande e velho.

Você já era conhecido como DJ Shadow?

Não, só Shadow.

E por que "Shadow"?

Um monte de produtores, como Herbie Lovebug e Marley Marl, começaram lançando discos para aparecer na frente. E, por alguma razão, provavelmente política ou algo assim, senti que aquilo fazia perder de vista o verdadeiro papel de um produtor. Então "Shadow" representava o fato de que eu pensava que os produtores deviam ficar na retaguarda. Um produtor sendo reconhecido como uma celebridade me parecia vulgar, na época.

Você ainda vê as coisas dessa forma?

Gosto de pensar que sim. Quer dizer, quando se trata de aparecer em público, é só algo que tenho de superar. Acho que é importante mostrar às pessoas que você não tem medo de dar a cara a tapa e fazer ao vivo. E tem funcionado bem pra mim. Na minha carreira houve vezes em que fazer uma turnê foi justamente o passo certo para que as pessoas reconhecessem o que eu estava fazendo. Não é algo com que eu me sinta totalmente confortável. Mas na hora H você simplesmente tem que fazer, não importa se são cinquenta pessoas ou 10 mil. E na verdade, por volta de 1990, uma das primeiras aulas que tive na faculdade foi um curso para falar em público. Fiz porque achava que seria importante dominar uma coisa que sempre me deixou realmente nervoso. Não dominar, mas ao menos ser capaz de tolerar.

Você sentia que, naquele momento, estava seguindo seu próprio caminho, que não havia muito mais gente fazendo o que você estava fazendo?

Sim. Sentia. Mas ao mesmo tempo, naquela altura, eu tinha feito demos para outros selos, como Wild Pitch, Tommy Boy e Profile, e tido muito retorno negativo, pois o que eu estava fazendo era "fora do padrão" demais. E aquilo era frustrante pra mim, mas deixou minha relação com Funken Klein ainda mais valiosa, porque esse cara, para mim, era tão envolvido com a coisa quanto todos os outros, mas ao mesmo tempo muito na linha de frente. Eu provavelmente valorizava a opinião dele mais que a de qualquer outro. Ele simplesmente dizia: "Você está no caminho certo. Vai em frente." Enquanto o resto me dizia: "Não, alivia um pouco." E Dave Klein sentado lá dizendo: "Não, não, não. Vai em frente." Parecia que eu não tinha como errar com esse cara, então apenas continuei indo ao extremo, aonde queria ir, e me sentindo encorajado por ele a fazê-lo.

Quando você se envolveu com James Lavelle [fundador do selo Mo' Wax e do grupo UNKLE]?

Bem, a próxima coisa que fiz foi uma faixa completamente produzida por mim — nem um remix, nem um megamix — para um grupo da África. Funken Klein decidiu assinar com um grupo de rap do Zimbábue chamado Zimbabwe Legit. Eu fiz a faixa toda em casa e, quando achei que estava acabada, mandei. Eu a considerava a sequência de "Lesson Four", que era muito B-boy, muito breakbeat, muito dançante no seu próprio tipo de onda breakdance. Eu queria estabelecer um precedente em que tudo que eu fizesse fosse 180 graus diferente do trabalho anterior. Então, "The Legitimate Mix", como era chamada a faixa, era totalmente diferente. Era muito downtempo, muito climática, um monte de samples de falas.

A música não foi um hit. Tinha um conceito bom, mas acho que as pessoas nos Estados Unidos não ligam para o que as pessoas fora do país têm a dizer, em geral, quando se trata de rap. Continua assim hoje. Mas o que a faixa fez, de fato, além de ser mais um cartão de visita para mim, foi atrair James Lavelle. Ele ouviu a música cerca de um ano depois de ter saído. Uma nova cena chamada acid jazz, a respeito da qual eu não sabia nada, tinha começado na Inglaterra e chegado aos Estados Unidos em alguns dos clubes mais undergrounds.

Um cara em LA chamado Orlando, que tinha um selo chamado Brass, tocou "The Legitimate Mix" pro James, que aparentemente ficou deslumbrado, ao menos segundo todas as conversas que tivemos desde então. Ele sempre descreveu a faixa como sendo exatamente o que ele queria ouvir em disco. Com a Mo' Wax, James fazia apenas umas 2 mil cópias de todas as coisas iniciais que ele tinha lançado. Era tudo acid jazz, coisas tipo Gilles Peterson, o que não tinha muito a ver com hip-hop. Mas James tinha crescido admirando o hip-hop e queria se vincular com mais coisas nessa onda, não apenas o acid jazz que ele andava fazendo. Então, como eu disse, aconteceu um ano depois, e nessa altura a saúde de Funken Klein estava indo ladeira abaixo. [Funken Klein faleceu em 1995, depois de uma batalha de oito anos contra o câncer.] A Hollywood BASIC, que tinha lançado vários discos de rap lendários, estava indo pro espaço, junto com a saúde dele. Eu tinha começado a entrar um pouco em pânico porque não tinha mais a Hollywood BASIC pra contar como canal de saída pras minhas coisas. Todos esses outros selos para os quais eu vinha mandando demos estavam ficando cada vez mais conservadores. Eu não sabia a quem mais recorrer. Então, surge James Lavelle, que me ligou do nada.

Nos demos muito bem pelo telefone. Ele estava impressionado por causa da minha ligação com Funken Klein e com o meu conhecimento da cena hip-hop do Reino Unido. O que fez Lavelle ter sucesso foi sua incrível força; ele era como um beija-flor. Tinha amor absoluto por música. Era voraz. E me pediu que fizesse alguma coisa pra ele. Disse: "Quero que você siga o que estava fazendo com 'The Legitimate Mix'." Eu disse: "Bem, isso é um grande alívio, pois tudo o que eu tenho buscado fazer recentemente as pessoas tentam me convencer a simplificar ou usar samples mais reconhecíveis ou isso ou aquilo outro."

Você começou a gravar pra ele?

Eu tinha acabado de conhecer Dan [Nakamura] "The Automator", em San Francisco. Ele tinha lançado alguns discos no fim dos anos 1980. O primeiro se chamava *Music to Be Murdered By*, que era um lance recorta-e-cola com uns diálogos do Alfred Hitchcock. Era realmente bom. Eu devorei aquele disco completamente. Quando o conheci, recitei pra ele toda a sua carreira, como eu fazia com todo mundo que me impressionava naquela época. Não acho que o Automator tivesse alguma vez encontrado alguém – que ele já não conhecesse como um igual – que levasse o que ele tinha feito tão a sério. Desde aquele encontro inicial, Automator foi muito bacana e acolhedor comigo e disse: "Se você algum dia precisar de um estúdio, me avisa." E foi no estúdio dele que eu gravei *In/Flux*, a primeira gravação que fiz pro James, e que acabou sendo o primeiro single para a Mo' Wax que produzi. Acho que é seguro dizer que foi o primeiro disco com inclinações não *jazzy* que James lançou. Foi um início pra ele. O disco foi bem recebido na Inglaterra [em 1993] porque o acid jazz já estava começando a aborrecer um monte de gente, e era um som novo, acho, pra muita gente por lá.

Procurei o Automator. Ele era um cara que tinha estado em Nova York nos anos 1980 comprando discos de hip-hop, tinha um monte de breaks que eu não conhecia e um conhecimento que era muito mais profundo que o da maioria das pessoas em San Francisco. Ele sabia o que estava fazendo. Foi a primeira pessoa que conheci que tinha ProTools, e me ensinou muito sobre técnicas de gravação, sobre como sincronizar máquinas.

Graças ao Paris consegui meu primeiro sampler. Ele me pegou em Davis e me levou a San Francisco, à Guitar Center, e me ajudou a barganhar o preço de um Akai MPC. Ele gastou o dia inteiro dirigindo por todo o maldito lugar, o que foi muito, muito legal da parte dele. E foi assim que consegui meu sampler. "In/Flux" foi a primeira música que fiz nele. O MPC, no hip-hop como um todo, ainda levaria alguns anos pra virar moda realmente. Então, de novo, senti que tive sorte na curva tecnológica, e estava fazendo coisas na máquina antes que uns 95% dos produtores estivessem.

Quando você, afinal, conheceu James pessoalmente?

Ele tinha vindo da Inglaterra para Los Angeles pra tocar como DJ e aproveitou a oportunidade para ir mais pro norte e me visitar. Uma coisa de que me lembro a respeito desse encontro foi que eu estava tocando uma fita que tinha feito de uma música de David Axelrod. James, que nunca tinha ouvido falar de David Axelrod antes, disse: "O que você está ouvindo? Ah, cara, beleza. Uau! Isso é demais. Onde posso conseguir? Quando é que vamos comprar discos?" Então, desde o início nos demos realmente bem.

No final de 1993 fui com James fazer uma turnê na Alemanha. Foi uma viagem realmente importante, porque consolidou minha relação com ele. E me abriu os olhos. Ninguém na minha família jamais tinha estado fora dos Estados Unidos. Não era uma coisa que eu imaginava que pudesse ser capaz de fazer. Minha mãe sempre dizia, desde que eu era pequeno: "Ah, eu adoraria ter condições de viajar." Mas nós não podíamos pagar. Então, me senti honrado e com sorte de poder ir. Senti que minha música tinha me levado a um lugar que eu nunca havia sonhado que teria condições de ir.

Como você foi recebido?

As únicas pessoas que sabiam quem eu era eram as pessoas que tinham nos contratado. E elas provavelmente tinham feito um esforço pra descobrir quem eu era, já que haviam me pagado pra estar lá. Mas James é o tipo de pessoa que gosta de levar gente nova pra sua vida com o propósito de mantê-lo aprendendo e evoluindo constantemente. Acho que nesse período específico ele pensou: "Bem, tenho que fazer essa turnê na Alemanha. Mas eu quero fazer com alguém que seja divertido, novo e estimulante. Talvez eu possa ensinar-lhe alguma coisa. E talvez ele possa me ensinar alguma coisa."

Voei primeiro pra Londres pra encontrar James e me lembro que estava tão nervoso antes de chegar que não dormi na noite anterior, e então não consegui dormir no avião, porque nunca tinha estado num voo internacional. E não melhorou nada, pois eu cheguei, James me pegou e, mesmo me sentindo mal pela falta de sono, não consegui desgrudar os olhos de Londres e me desligar do fato de que eu estava realmente em outro país, o que me parece meio peculiar agora. Mas na época foi muito excitante, eu não tinha nenhuma ideia de onde estava em Londres. Lembro de me sentir nauseado pela fumaça do diesel, pois lá eles usam diesel. Só de andar na rua eu sentia que estava sufocando.

Então aterrissei em Londres ao meio-dia. Por volta das cinco tínhamos de pegar o avião para um show na Alemanha naquela noite. Chegamos lá por volta das oito, e o promotor do show — o nome dele era Marley — nos pegou no aeroporto e nos levou de carro. Ele ficou conosco a viagem inteira. Foi através do Marley, e do James, que eu comecei a sacar o estilo de vida desses caras e a cena dos clubes e a cultura das drogas envolvida nisso tudo. Fiquei tipo: "Opa! Isso definitivamente não é parte da minha formação."

Que tipo de drogas? Só maconha, ou algo mais pesado?

Não. Havia coisa mais pesada, que vi depois. Em geral, ficavam fumando haxixe no carro. [risos] Era uma vida muito diferente da Califórnia, onde as regras são muito rígidas.

    Ok, então eu ainda não tinha dormido. Chegamos à Alemanha, e a apresentação, na verdade, era no lado oriental de Berlim. O muro já tinha caído havia alguns anos, mas quando você atravessa pro outro lado tudo fica muito mais estranho.

Tipo em *Asas do desejo*?

Isso. Exatamente. Para promover o show daquela noite, eu tinha dado uma entrevista num velho bunker da época da guerra que havia sido transformado em uma estação de rádio depois da queda do muro. E aconteceu que MC Jamalski, um cara cujos discos eu conhecia, estava no mesmo programa de rádio. Me senti em um mundo de fantasia, pois não podia entender que diabos ele estava fazendo ali. A apresentação começava à uma da manhã. Tinha outro projeto da Mo' Wax, chamado Palm Skin Productions, que era a atração principal. Eles eram um verdadeiro grupo de acid jazz, com toda a pompa: um tocador de bongô, caras com um certo tipo de barbicha, toda aquela vibração hippie. Mas eles eram legais. E então me lembro de cair no sono em cima da caixa de som às 2h30 da manhã; já tinha dado pra mim. As pessoas pisavam em mim, mas eu não conseguia me mexer. E eu precisava tocar às quatro da manhã. Só toquei hip-hop. Não sabia o que esperavam. Não tinha ideia de como fazer aquela galera curtir.

Mas, ao longo da turnê, observei como James lia a plateia. Ele usava bastante o microfone. E me falava coisas como: "Não toque mais que três discos funk na sequência, pois as pessoas vão te desertar." Uma noite eu contrariei o conselho de James e toquei seis discos funk na sequência, e a galera pareceu curtir de verdade. No fim da noite, peguei o microfone e disse "Obrigado por serem *funky*", que é uma coisa meio cafona de se dizer. E lembro que alguém mandou um "Vai se foder!". Fiquei todo constrangido, tipo: "Caramba, a única vez que pego o microfone, e o resultado é esse." A pessoa estava só de onda, mas ainda assim aquilo me afetou de algum modo estranho.

Você trabalhou em quê depois de "In/Flux"?

"Lost and Found", que, definitivamente, é uma das minhas faixas favoritas. Quando a criei, pensei que James iria detestá-la. Pensei que estava fazendo algo que ia muito contra toda a onda acid jazz. Eu achava toda aquela cena realmente fraca. Especialmente quando o hip-hop era tão forte, e eu tentava tocá-lo para plateias na Europa, e depois de duas músicas eles começavam a desistir de mim. Isso foi quando discos de hip-hop realmente importantes estavam saindo; era o som de Nova York, uma época excitante de verdade, e eu me identificava com aquilo. Não conseguia entender aquele sentimentalismo meio entorpecido do acid jazz.

Quando comecei a trabalhar em "Lost and Found" estava realmente deprimido. Estava acabando de terminar a faculdade e começando a me preocupar com o que iria fazer da minha vida — o que iria fazer para ganhar dinheiro, porque sabia que queria fazer música. Sabia que ir pra faculdade era algo que, na minha família, você simplesmente tinha de fazer. Quer dizer, minha mãe era professora. Não era uma opção não ir pra faculdade. Mas, ao mesmo tempo, enquanto estava lá entendi que música era tudo o que queria fazer. Fico contente de ter ido até o fim e conseguido meu diploma. Mas, por outro lado, eu ia pra lá e ficava: "Bom, ok, tenho mais um ano pela frente." E eu meio que já tinha decidido.

O que você estava estudando?

Retórica e comunicação, o que, na UCLA [University of California-Los Angeles], significa fazer cursos de cinema e estagiar ou fazer residência em lugares bacanas. Mas na UC Davis significa aprender sobre mitologia grega. Não é muito prático, não tem muita aplicação. É mais teórico, o que não é grave. Mas não ia me ajudar a conseguir o tipo de trabalho em mídia que eu queria. Eu me sentia deprimido. Estava meio de coração partido por conta de relacionamentos com algumas garotas na época. É engraçado, porque você pode estar realmente deprimido e fazer uma música e ela não soar infeliz de verdade. Mas quando você ouve "Lost and Found" pode dizer o que estava rolando. É bem sombria. E, sem dúvida, tem uma espécie de tom emocional ali. Eu pensei: "Ok, isso vai ser um teste pro James. Vamos ver se ele realmente curte o que estou tentando fazer." E, para minha surpresa, ele me ligou depois de ouvir e falou, tipo: "Isso é ainda melhor que 'In/Flux'. É ótimo!" E eu fiquei verdadeiramente surpreso, mas também feliz, porque queria que ele gostasse do que eu estava fazendo. Só achava que ninguém poderia se identificar com "In/Flux" e "Lost and Found". Não achava que ele seria capaz de apreciar as duas nos meus termos.

Ela apareceu no Top 50 dos discos do ano de alguns críticos. As pessoas estavam colocando a música junto com discos do Oasis e todas as outras coisas que eram populares na cena musical britânica da época. A sensação foi muito boa. Eu sabia, pelas revistas de música inglesas que lia quando era mais novo, que você podia ser jogado na lama por uma pessoa e carregado nos ombros pela próxima. Então, recebi tudo aquilo com uma certa reserva. Mas ajudou a Mo' Wax e me fez subir no conceito de James, que estava lançando muitas outras coisas, mas nenhuma delas com o mesmo tipo de aclamação. Isso foi quando a imprensa cunhou o termo "trip hop", que na época era intrigante. Daí em diante, foi praticamente tudo que James fez pelos anos seguintes — ele não podia perder a chance.

A Mo' Wax se mudou para escritórios melhores e, em 1995, James contratou um cara chamado Steve Finnan, que tinha sido empresário dos Jungle Brothers e do Madness. James decidiu que Steve ia ser o cara pra resolver as questões de direitos. E, em última instância, o plano era resgatar a Mo' Wax de si mesma e de James, e fazer dela um negócio mais viável. Steve se tornou uma figura paternalista para James. Era capaz de cuidar de todos os problemas de dinheiro e de todas as coisas relacionadas ao negócio com as quais James não queria lidar. Mas o que isso significava era que James estava basicamente fazendo um acordo com a A&M Records. Em retrospecto, significava que James estava cedendo seus artistas para o catálogo deles, e não acho que ele tenha entendido que estava fazendo isso. Porque, até hoje, James não possui nada das coisas que lança no seu próprio selo, o que é uma merda. Mas é isso que as grandes gravadoras fazem: você começa a fazer algum barulho e eles aparecem e dizem que vão te ajudar com isso e aquilo. E, em troca, você dá tudo pra eles.

Foi uma época importante, obviamente, porque estava começando a rolar algum dinheiro de verdade. Mas eu fiz meu acordo pelo que era, olhando pra trás, uns trocados — embora isso tenha sido resolvido mais tarde. Usei aquele adiantamento para pagar pelo que viria a ser o *Endtroducing....* Mas eu não tinha um empresário. Não tinha advogado. Ainda ficava muito no esquema de fechar um acordo com aperto de mãos, ainda que obviamente tivesse que assinar, pois a A&M não ia me dar nenhum dinheiro sem papel assinado.

Você ficou apreensivo, tipo: "Estou fazendo a coisa certa?" Ou parecia que era o que devia ser feito?

Parecia muito que era a coisa a ser feita. James estava lá, me apoiando. Tenho certeza de que ele estava falando pro Steve: "O Shadow é o cara. Você tem de fazer com que ele ganhe o que quiser." Tenho certeza de que isso rolava, porque o James era assim na época. Ele nem tentava esconder de mim. Eu ficava no quarto ao lado, e ouvia esse tipo de comentário. Mas eu tinha algumas preocupações. Sabia que estava fazendo um acordo que ia me comprar por algum tempo. Só não sabia quanto, porque já são dez anos e aqui estou, ainda sob o mesmo acordo.

Em todo o caso, minha gravação seguinte para a Mo' Wax foi "What Does Your Soul Look Like". Eu estava feliz com "In/Flux", ainda que tivesse sido um disco difícil de fazer. Com "Lost and Found" pensei: "Ok, isso está realmente mais próximo do que quero tentar dizer." Quando "What Does Your Soul Look Like" saiu, achei que era provavelmente o mais próximo que jamais conseguiria chegar de um som que tinha na cabeça. Saiu como single, o que me irritou demais na época, porque tinha 32 minutos. Desde "Lost and Found" James dizia que queria que eu fizesse um álbum. E pensei que "What Does Your Soul Look Like" era o começo de um álbum. Mas então James disse: "Steve acha que você deve lançar mais um single antes de fazer um álbum para aumentar sua reputação com a imprensa e todos os outros." Eu disse: "Ok, mas tem 32 minutos de duração, quer dizer, é metade de um álbum." Também não podia engolir o fato de que estava sendo vendido pelo preço de single. Eu dizia: "Bom, isso é pelo menos um EP." Sentia que estava entregando o ouro por nada. Mas acho que eles estavam certos. No curto prazo, meio que machuca ter aquele material saindo e então perceber que está de volta à estaca zero, quando você tem que fazer um álbum. Pensei: "Jesus, eu não sei se consigo fazer isso." Porque com "Lost and Found" e "What Does Your Soul Look Like" todos os neurônios estavam fervendo.

De onde você estava tirando inspiração naquele momento?

Honestamente? Acho que naquela época eu estava realmente me inspirando na depressão. Não vou dizer que já tive um problema sério com isso. Mas descobri que servia ao seu propósito de inspiração sensível. É uma coisa com a qual você deve ser cuidadoso, porque descobri que, como o amor ou qualquer outra coisa, você começa a se permitir ficar deprimido pelo bem da música. E então a música, e todo o processo de fazer música, passa a te deprimir. Simplesmente vira esse tipo de círculo vicioso. Depois de um tempo você não pode mais saber o que está inspirando o quê. Se a música está inspirando sua depressão ou se...

Como uma fita de Moebius?

Exatamente. Comecei a reconhecer que "What Does Your Soul Look Like" era minha obra-prima da depressão. [risos]

Você pode me contar como o UNKLE do James aconteceu?

Eu estava fazendo uns projetos pequenos aqui e ali pro James, meio de favor. Sempre que eu estava na Inglaterra ele dizia: "Ei, faz um scratch." Ou: "O que você acha disso?" Ou: "Faz uma batida rapidinho." Foi quando comecei a entender o UNKLE. O UNKLE, que existe desde 1995, pelo menos (tendo lançado dois álbuns, *Psyence Fiction*, em 1998, e *Never, Never, Land*, em 2003), na essência foi sempre o James com outras pessoas fazendo o trabalho. Isso não é pra soar nem um pouco pior do que soa. No início, o sujeito que fazia a maior parte do trabalho era um cara chamado Kudo, de um grupo japonês de hip-hop chamado Major Force. E naquele momento ele estava vivendo na Inglaterra e fazendo coisas com o James. Eles fizeram um remix de "Karmacoma", do Massive Attack. Era um lance importante pro James, porque o Massive Attack era outro grupo, como o Beastie Boys, que ele tinha como referência suprema do que queria fazer. Então, se ele conseguisse, era mais um troféu em sua carreira e, pra chegar lá, quanto mais gente ajudando, melhor. Quando eu estava no estúdio para o remix, eles me pediram para fazer um scratch, e eu fiz. E quando vejo, o disco sai sem o meu nome nele. Pensei: "Peraí! Eu não devia ser pago ou algo assim?" Mas não era um negócio tão importante. Nada era um negócio tão importante quando se tratava de dinheiro ou qualquer coisa assim naquela época.

Quando você finalmente começou a reunir material
e produzir o *Endtroducing...*?

Em 1995 eu tinha acabado a faculdade. Todo o meu equipamento estava comigo no microburaco que era meu apartamento em Davis. E agora, pela primeira vez, eu podia fazer música a hora que quisesse. Por muito tempo foi praticamente tudo que fiz. Durante o dia eu ia atrás de discos e ficava à toa. Então, normalmente trabalhava das nove às duas da manhã — não eram lá tantas horas assim, mas eram muito produtivas. Naquela altura eu conhecia o MPC como a palma da minha mão.

Sampleei um monte de coisas bacanas e insólitas que eu curtia na época. Sampleei um disco de breakbeat sul-coreano realmente longo do qual nunca mais encontrei outra cópia. O sample em "Building Steam" é de um tipo de lance cantor-compositor — um monte de coisas que eu estava sampleando era de fora do eixo de LPs soul. Porque um monte de gente sampleava apenas coisas tipo P-Funk e Sly Stone e, você sabe, discos mais obscuros de grupos como Nite-Liters ou músicas difíceis de encontrar do início do Kool and the Gang.

Mas eu estava tentando encontrar um som diferente do das outras pessoas, então o material de base tinha que ser diferente do dos outros. Eu buscava discos que me parecessem realmente obscuros. Fossem eles discos 45" de funk, que ninguém ainda sacava, ou álbuns esquisitos de rock.

Tipo quais álbuns?

Bem, eu provavelmente devia falar apenas das coisas que foram liberadas ou descobertas depois.

Eu reconheço a canção "Love Suite" da banda inglesa Nirvana em "Stem/Long Stem".

Sim, está certo. E essa foi liberada. Usei a melodia. O Nirvana foi parte de todo o movimento psych-pop nos anos 1960, que ficou popular de novo. Todo o catálogo deles está sendo relançado. Eu inclusive tive contato com esses caras. Eles geralmente vêm ao meu show [risos] quando toco na Inglaterra.

O que te leva a querer samplear uma determinada música?

Quando sampleio algo é porque há alguma coisa inventiva ali. E se não é o grupo como um todo, é a música. Ou, mesmo se não é a música como um todo, é um momento genial, ou um acidente, ou algo que faz aquilo absolutamente único dentre os outros trilhões de horas de discos em que mergulhei.

Você gravou todo o *Endtroducing...* no seu apartamento?

Uma vez que tinha algumas das faixas iniciais encaminhadas, comecei a ir ao estúdio do Dan the Automator em San Francisco. Eu levava meus samples e uma porção de discos e começava a juntar coisas tendo um ambiente de mais pressão por conta do relógio correndo — sempre achei que isso ajuda a finalizar as coisas. Me sentia confortável lá. Sabia me virar com os equipamentos na maior parte do tempo. Mas ainda estava tentando coisas novas, algumas das quais realmente não levaram a lugar algum. Mesmo assim ainda acho que estava aprendendo e fazendo coisas novas, entendendo mais a tecnologia.

Que tipo de coisas?

Bem, Dan sabia muito, muito de Pro-Tools. Ele estava sempre atualizando o programa e adquirindo novos equipamentos. Ele é tipo um pequeno gênio, entende tudo de tecnologia, então sempre tem novas maneiras de fazer as coisas. E isso foi totalmente benéfico. Pra mim, o interessante de trabalhar em *Endtroducing...* foi o horário, o ritmo em que entrei. Eu terminava de trabalhar numa faixa às três ou quatro da manhã, e aí dirigia todo o caminho de volta de San Francisco a Davis, o que dava umas duas horas. E isso me colocava num estado mental estranho, pois eu dirigia de volta tarde assim, vendo o sol nascer. É uma viagem longa e você fica meio melancólico, sabe?

Eu pensava que ninguém ia gostar. Achava que o James diria: "É, gosto da maior parte do álbum, mas essa, não sei. É um pouco, não sei, um pouco descarada demais." Mas lembro dele me dizendo — eu o ouvi repetir isso algumas vezes em entrevistas — que tinha pegado o álbum e escutado com um dos cabeças da gravadora e, quando "Organ Donor" entrou, ele disse que os dois começaram a pular pela sala. [risos] Fiquei feliz de ouvir isso, pois achava que a música era meio... leve. O EP *What Does Your Soul Look Like* foi um disco inegavelmente pesado. Mas eu queria que *Endtroducing...* fosse bem-equilibrado, porque era uma peça maior. E você sabe, se você vai fazer um disco de meia hora, pode se sair bem sendo pesado durante a coisa toda. Mas num disco de uma hora você precisa misturar.

Incidentalmente, eu não estava muito certo quanto à duração que o disco devia ter, porque cresci na era do vinil, quando os discos duravam 45 minutos. Mas em meados da década de 1990 era comum que os discos fossem um pouco mais longos. Então decidi usar *The Chronic*, do Dr. Dre, como referência para a duração que o meu disco devia ter.

Quanto tempo tinha?

Cerca de 62 minutos. Decidi, pensando: "Bom, esse é um grande clássico, um disco que é sucesso de vendas [risos], e se é assim, que assim seja." Então esse foi o meu parâmetro.

Então, você meio que tinha na cabeça, pelo menos enquanto tentava analisar melhor, que *Endtroducing…* teria pouco mais de uma hora?

Sim. Eu não queria ninguém dizendo "Ah, ele não nos satisfez", entende? Eu sabia que havia bastante gente esperando o disco. De novo, naquele momento estava rolando minha lua de mel com a imprensa britânica. Eu não queria que a duração do álbum fosse uma desculpa para que as pessoas não gostassem dele. Mas, ao mesmo tempo, você deve seguir o que sente que está certo. Havia outras faixas que podiam ter entrado no disco. Mas eu simplesmente achei que elas repetiam as mesmas ideias. Pra mim, escolher a sequência das faixas de um álbum é muito, muito difícil. E, muitas vezes, também bastante desapontador, porque quando você coloca tudo junto é o momento em que você finalmente diz: "Nossa, isso realmente alcançou o seu potencial, ou o que eu achei que seria na minha cabeça." Ou, por outro lado: "Nossa, eu realmente vejo onde há problemas." E uma coisa bacana em relação a *Endtroducing…* é que foi o álbum que fiz que exigiu menos esforço nesse sentido, de todos os que tive participação na escolha da sequência das músicas. Foi praticamente como se toda decisão fosse a única decisão. Tipo: "Ah, isso tem de vir depois disso por causa disso, e isso tem de vir depois disso por causa disso." Fiz toda a sequência do álbum em um dia, uma tarde, no estúdio do Dan. E, desde então, tem sido uma batalha fantástica dar a um álbum uma sequência que pareça certa e faça jus a todas as expectativas que você tinha pra você mesmo nos dois últimos anos, ou qualquer que seja o tempo que leve pra fazer o disco.

E "Stem/Long Stem"?

Uma coisa que nunca falei é que "Stem" era pra ter sido uma faixa com vocal. Eu cheguei a escrever a letra e tudo o mais. E existe inclusive uma versão com vocais.

Com canto ou rap?

Nem um nem outro. É mais como poesia ritmada, mas não é rap. Ela apenas nunca chegou a acontecer. Eu fiz as duas versões. Me lembro de tocar a versão com vocal pro Chief XCel, do Blackalicious. A reação dele foi tipo: "É, é legal." Mas, passado o tempo, acho que eu simplesmente não pude lidar com ela. Era quase pessoal demais, próxima demais. Então optei pela versão instrumental. Provavelmente foi uma coisa boa, pois alguém em Hollywood sempre quer usá-la em algum filme de terror. [risos] Não que nada disso importe, mas "Stem" foi especialmente importante para articular um sentimento cinemático. Então, sim, em algum lugar numa fita DAT existe uma versão vocal de "Stem", que não pretendo nunca deixar que veja a luz do dia. Mas a gente não sabe. A gente nunca sabe.

Como "Midnight in a Perfect World" foi feita?

Essa era, definitivamente, a faixa mais antiga em andamento. Na sua forma básica, foi criada entre 1994 e 95. Por alguma razão, decidi que não tinha a energia certa. Ou era parecida demais em clima com "Part 1", que é a última faixa de *Endtroducing....* "Midnight" acabou sendo a última música a ser finalizada pro álbum porque eu estava passando maus momentos procurando uma linha de baixo, ou o que faria com as frequências mais baixas. Lembro que isso era o maior obstáculo na feitura do álbum, chegando a ponto de me deixar quase desesperado. De fato, eu estava desesperado. E dou a Dan um grande crédito por ter me apoiado nisso. Durante esse tempo, Automator ainda não tinha lançado seu projeto *Dr. Octagon*. Ele não tinha a reputação que tem hoje. Ele era um ídolo pra mim, mas não havia muitas pessoas que sabiam quem ele era. E ele não tinha um monte de gente indo ao seu estúdio. Isso foi ótimo, pois possibilitou que ele estivesse disponível o tempo todo enquanto eu estava trabalhando. E, uma vez que eu estava usando seu estúdio, ele não podia fazer nada em termos de produzir sua própria música. Então, normalmente ele ficava vendo TV ou algo assim, e estava sempre ansioso pela hora em que iria jantar. Porque, você sabe, isso daria a ele alguma coisa pra fazer. [risos] O estúdio era um quarto azul realmente pequeno. Ele não mora mais lá — era a casa dos pais dele. Você tinha que subir uma escada pra chegar a essa pequena caixa que ele havia criado. Era genial, diga-se de passagem. Amava trabalhar ali porque parecia que eu estava apartado do mundo, e tinha tudo ao alcance das mãos. Não precisava ficar andando e movendo as coisas. Tudo estava ali mesmo.

Uma vez desci a escada do estúdio e subi os degraus até o quarto do Dan, e foi tipo: "Não acho que eu consiga fazer isso. Acho que esse álbum vai desmoronar no seu próprio peso." Lembro dele me acalmando, porque eu estava começando a hiperventilar por causa daquilo, e ficava: "Essa porra dessa faixa não está funcionando. Não está..." E eu sempre soube que "Midnight" era a cola que segurava o disco junto. Eu sentia que se não resolvesse ela bem, o álbum inteiro não funcionaria.

Tudo isso passava pela minha cabeça, e me lembro dele falando: "Ok, não se preocupe com isso. Vamos só pegar alguma coisa pra comer. Você sabe, pra acalmar. Vamos pensar a respeito enquanto comemos e então voltamos e fazemos alguma coisa acontecer." E foi o que fizemos. Fomos a um restaurante mexicano e falamos sobre a música. A linha de baixo tocando sobre o meu sample simplesmente não soava certa, e era isso que estava me preocupando. Então, voltamos e tentamos filtrar a linha de baixo pra fora do sample...

Você quer dizer que vocês a equalizaram para trazer a linha de baixo mais pra frente ou algo assim?

Não, o que você faz basicamente é entrar de novo com o mesmo sample, mas filtra ele até o ponto em que é uma frequência superbaixa. E era exatamente disso que "Midnight" precisava, e sou grato demais ao fato de que o Automator estava lá enquanto eu fazia o disco. Quer dizer, o que acontecia normalmente era eu ir lá e perguntar uma ou outra coisa a cada noite. Mas quando precisava perguntar alguma coisa, era muito importante ter uma boa resposta. Então, por isso apenas, eu sempre dou a ele muito crédito, e todo o agradecimento.

James estava te dando algum retorno?

Num determinado momento, eu estava em turnê com ele na Austrália. Eu tinha uma fita de mais ou menos vinte minutos do álbum em andamento. Tinha partes de "Midnight", pedaços de "Building Steam", "Stem", e acho que tinha pedaços de "The Number Song" e possivelmente "Changeling". Não havia muito scratch nem overdubs ainda. James estava ansioso para ouvir, e foi bem positivo com relação ao que ouviu.

Terminei o álbum depois de voltar da Austrália. Trabalhei nele praticamente sem parar entre janeiro e maio de 1996, e masterizei na terceira semana de maio. Então fui pra Inglaterra pelo verão inteiro pra tocar como DJ de novo, divulgar meu nome e fazer com que as pessoas soubessem o que eu estava fazendo. Quis estar por perto pra acompanhar cada faceta da preparação do lançamento do álbum, eu me coloquei completa e integralmente à disposição. E minha namorada na época, agora esposa, foi pra Inglaterra por seis semanas pro lançamento. E foi um momento divertido na nossa memória, pois estávamos vivendo lá — verão em Londres. Não posso pensar em lugares piores pra se estar. [risos] Foi uma época muito emocionante. Sentia como se estivesse no olho do furacão. Foi também a primeira vez que tive um ataque de ansiedade. Lembro de estar atendendo à imprensa na Alemanha. Nós estávamos num quarto de hotel em Berlim, e eu meio que perdi o prumo.

Por quê?

Porque eu estava falando sobre mim por horas, literalmente oito horas por dia. Acaba se tornando exaustivo. E as pessoas estavam me fazendo perguntas difíceis, questionando meu sistema de valores. Elas querem saber o que te motiva. Querem saber se você é uma fraude. Querem saber se você está copiando tal pessoa ou se é apenas um charlatão. Elas precisam saber, porque elas precisam saber como criticar seu trabalho. Precisam saber o que está por trás da cortina. E eu nunca tinha revelado nada desse tipo de coisa antes. Até aquele momento todas as questões eram basicamente na linha "De onde você é?", "Que tipo de outra música você ouve?". Coisa de fanzine mesmo. Até com as grandes revistas — eu era uma novidade pra muita gente lá fora. Acho que a maneira como me comportava era muito modesta. Eu era um livro aberto no que dizia respeito ao meu amor pela música. Mas quando fiz "What Does Your Soul Look Like" e *Endtroducing...*, acho que toquei no coração de algumas coisas sobre as quais não queria falar com as pessoas. E então, tendo que falar sobre isso, ou não falar sobre isso, o dia inteiro, dia após dia após dia, eu simplesmente desmoronei. Fiquei deitado lá pensando em como teria que passar por tudo aquilo de novo no dia seguinte, e não podia lidar com isso. Simplesmente não podia dar conta.

O que você fez?

Lembro de estar deitado na cama e Jay Leno passando na TV. Eu estava olhando para as cortinas e, de repente — isso soa como uma besteira, mas pareceu muito real na hora —, uma das pregas nas cortinas virou um rosto com uma expressão que, a princípio, me deixou com muita raiva. E então, com muito medo. Eu não sabia o que estava acontecendo. Só sabia que não podia respirar. Lágrimas corriam. Minha mulher não conseguia me despertar daquilo. Tudo soa muito dramático, mas foi uma experiência estranha demais. Nunca tive nada parecido, naquele nível, desde então. No entanto, toda vez que tenho de atender à imprensa na Europa, isso mexe comigo [risos] de uma forma bem negativa.

As revistas de lá, a não ser a *Mojo*, tendem a ser bastante maliciosas.

Verdade. Eles te ridicularizam e gostam de te levantar para depois derrubar. Na Europa, as pessoas queriam saber, tinham que saber, como era ser branco e fazer hip-hop. Eu achava uma fixação bizarra.

Você alguma vez ficou na defensiva em relação a essas questões a ponto de dizer "O que você tem com isso?".

Não. Eu estava muito ansioso por espalhar uma onda boa, porque achava que o álbum era bom. Eu queria fazer tudo certo, e queria ser um bom embaixador pro disco. Acho que nesse sentido fui bem-sucedido na época. Mas lidar com a imprensa é difícil pra mim. É muito estranho ser tão introspectivo, quer dizer, se eu tiver que conversar com você sobre o que tudo isso representa durante oito horas por dia, eu surto. Você tem que sentar lá e falar. Você tem que conduzir toda a conversa. Se não, eles escrevem que você é temperamental, ou o que quer que seja. Acho que só pensar sobre mim e meu pequeno trabalho com tanto peso e gravidade, dia após dia após dia… É esquisito, pra mim, ser tão autocentrado.

A maioria de nós é obcecada por saber o que as celebridades pensam. Quando você assiste a esportes na TV, no fim do jogo, os repórteres vão ao vestiário e perguntam aos jogadores o que eles acharam do jogo. E é tipo: "Olha, você não acabou de ver o jogo?" Como você disse, as pessoas precisam saber o que está por trás da cortina.

Está certo.

Então, suponho que não devia estar escrevendo este livro, porque é totalmente olhar atrás da cortina. [risos] Mas, da maneira como vejo, gostaria que fosse mais uma perspectiva histórica. Gostaria de registrar essa informação para que, de algum modo modesto, possa permanecer na memória das pessoas.

Ah, isso é formidável. E é mais fácil falar de coisas realmente antigas, sabe?

Você teve tempo de esclarecer essas coisas e de tomar uma perspectiva mais distanciada da experiência.

Steve Finan me disse uma vez: "Você está num trem, e a melhor coisa que pode fazer é se segurar e não soltar nunca. Porque se soltar, você pode nunca mais ser capaz de subir de novo." Por um lado, isso soa como papo furado paternalista que as pessoas pensam que os artistas precisam ouvir — para motivá-los a ficar na linha e se manterem produtivos e continuar fazendo todo mundo ganhar um monte de dinheiro. Mas, por outro lado, tem uma verdade nisso. A coisa triste é que às vezes você é empurrado pra fora do trem, ou você cai do trem de maneira relutante ou inconsciente. Pode ser através de problemas de saúde ou às vezes porque simplesmente você tem que parar. Ao longo do *Endtroducing…* me vi exercitando minhas próprias explicações sobre por que minha música soa da forma como soa, e qual o seu fundamento, sua base. Eu dizia coisas como: "Nunca pensei sobre isso, acho que devo começar a pensar sobre isso, mas ao mesmo tempo eu nunca quis pensar demais sobre isso, porque algumas vezes você não quer saber a combinação psicológica exata que resulta em algo que tem impacto, pois você não quer fazer isso outra vez, e depois outra, e outra, de novo."

Muitas vezes as pessoas me perguntavam sobre a cena acid jazz ou da música eletrônica. Era tipo: "O que você quer ser considerado? Onde devemos te classificar?" E eu penso nos diretores de que gosto, ou pessoas que conseguiram construir um carreira muito longa, alguém como David Lynch, por exemplo. Se você tiver que escolher um momento que o defina, não dá, porque *Eraserhead* levou a *O homem-elefante*, que levou a *Twin Peaks*, e assim por diante. É tão variado, mas ainda assim você diz: "Ok, ele fez filmes com elementos de comédia, com elementos de drama, de horror, com elementos de tantos tipos de coisas diferentes." Então, você não diz: "Bom, que tipo de filmes ele faz?" Você diz simplesmente: "É um filme de David Lynch." E as pessoas sabem o que você quer dizer.

Você se lembra do que estava fazendo quando o álbum saiu?

Na Inglaterra, o single de "Midnight" saiu no dia 2 de setembro de 1996, e *Endtroducing…* saiu no dia 16. Eu estava fazendo o trabalho com a imprensa, e havia bastante boa vontade. Parecia haver um monte de gente na mídia que queria dar voz ao meu trabalho, o que era ótimo. No dia em que o álbum saiu, minha namorada e eu fomos com James a uma pequena loja de discos e roupas, e eu estava olhando alguns discos e James pegou uma revista, a Wire. Eu o vi ler e começar a balançar a cabeça. E então ele diz: "Você não vai querer ler isso." Eu disse: "O que você quer dizer? É ruim?" E ele: "É pior que ruim. Eles estão assassinando você nessa crítica." Foi a primeira resenha que vi, a primeira crítica que saiu, e dizia que eu não era nada comparado à Ninja Tune e todo aquele tipo de coisa. Me lembro de pensar: "Uau, esse cara realmente tinha uma pauta para cumprir. É como se ele quisesse colocar a Ninja Tune contra a Mo' Wax. Será que ele chegou a *ouvir* o disco?" Lembro de que aquela crítica me afetou seriamente. James, que já tinha tido sua cota de pancadas e era um pouco mais maduro, estava acostumado a esse tipo de tratamento. Ele reagiu, tipo: "Ah, fodam-se eles." Eu, por outro lado, fiquei meio: "Bem, ok, ótimo. Essa é a primeira coisa que sai. E é um desrespeito total." Em retrospecto, é interessante que tenha sido a Wire, porque eles se colocam assim: "Nós somos a voz intelectual do jornalismo musical. E o que nós dizemos é o que vale." Eles tendem a ter esse tipo de ar arrogante. Mas logo depois disso, os elogios começaram a aparecer, e só melhorou daí pra frente. Mas aquela continua sendo a única crítica negativa que eu já li sobre *Endtroducing...*, e foi a primeira de todas. [risos]

Mas melhorou depois disso...

Endtroducing... foi realmente bem recebido. Comparado com outras coisas que fiz, foi quase unânime, exceto por aquela crítica. Estava tocando muito como DJ na Inglaterra quando o álbum saiu, e comecei a me sentir como uma subcelebridade. Mas, na verdade, não me senti realmente desse jeito até voltar à Inglaterra cerca de seis meses depois. Foi a primeira vez que James e eu andávamos na rua e as pessoas paravam e diziam: "Ei, você é o DJ Shadow?"

Como as pessoas estavam reagindo nos Estados Unidos?

Quando voltei, senti algo como: "É isso? Aqui estou eu de volta a Davis e ninguém dá a mínima — ninguém sequer sabe quem eu sou." Sei que isso soa mal, mas na Inglaterra tinha uma sensação de realização e de fazer parte da comunidade musical, enquanto nos Estados Unidos eu sentia muito pouco disso. Me lembro de que a reação foi muito demorada.

Também estava me sentindo como em alguma montanha-russa estranha. Acho que fui manipulado de algumas maneiras. Finan e James, e a imprensa, todas essas pessoas querem você, querem você, querem você, e então, uma vez que *Endtroducing…* saiu, foi tipo: "Ok, tchau." Sei que soa infantil, e essa não é nem a melhor descrição de como me senti. Mas de algum modo me senti sem poder. Tipo: "Aqui estou eu de novo, de volta a este apartamento sujo e lúgubre, nesta cidade em que vivi por vinte anos. Tenho que fazer todo um outro álbum sofrido e estressante de novo?" Saí do sentimento de depressão para passar a ter raiva pela evidente falta de controle da minha vida. Foi quando fiz "High Noon" [lançada em *Preemptive Strike*], que foi uma reação, do mesmo modo como "Lost and Found" havia sido uma reação.

E então a coisa começou a acontecer nos Estados Unidos. Eu ainda não tinha um empresário. Ainda não tinha um advogado, não tinha nada disso. Era abril, e de repente todo mundo começou a me telefonar do nada. Foi quando comecei a receber ligações no meu apartamento. Eu ainda estava na lista telefônica e as pessoas me ligavam [risos] perguntando: "É o DJ Shadow?" E então: "Ai, meu Deus." E desligavam. Também comecei a receber ligações de pessoas que diziam: "Ei, a gente se encontrou três anos atrás. Quero ser o seu empresário."

Era estranho, pois Davis é tão afastada dos negócios, e isso ainda era pré-internet para a maioria das pessoas. O álbum não estava tocando nas rádios em lugar nenhum, pelo que eu sabia. Mesmo a estação de rádio da minha faculdade parecia não saber quem eu era, ou ter algum interesse em tocar minhas coisas. Então, pensei: "Já era." Naquela época Davis era o mundo pra mim. [risos] Mesmo que eu tivesse estado em vários lugares, era a única coisa que parecia real. E então, de repente, o semanário de artes e entretenimento de Sacramento fez uma matéria de capa sobre *Endtroducing...*, e eu nem sabia nada a respeito. Foi quando a coisa bateu.

Finalmente consegui um empresário, e acho que quando o pessoal na Mo' Wax descobriu entrou em pânico, porque provavelmente se deram conta de que se quisessem que eu fizesse outro álbum, meu empresário ia descobrir o tanto de dinheiro que me deviam. [risos] E pensaram que quando eu descobrisse isso provavelmente ficaria tão puto que nunca mais iria querer fazer outro disco pra eles de novo. Eles vieram aos Estados Unidos e me surpreenderam ao dizer quanto estavam preparados pra me dar pelo compromisso de um novo álbum, e pelo compromisso de fazer o UNKLE, o projeto do James. É vulgar falar de dinheiro, mas foi, definitivamente, uma soma decente. Agora parece meio "Ok, isso não é uma quantia ultrajante", mas, pra mim, naquela época, era muito além do esperado. E eu me lembro de sentir que, sem ter feito nenhum esforço, estava manipulando eles de volta.

    Não quero que isso soe como se tudo com que eu realmente me importava fossem os negócios ou nada disso. Porque não é o caso, mesmo agora. É só que eu acho isso fascinante, na medida do meu próprio tipo de consciência a respeito dessas questões. E, de novo, sabe, é legal quando você não sabe um monte de coisas. Eu meio que sinto falta da inocência daqueles anos. Mas você não pode voltar atrás. Infelizmente, quando você aprende uma coisa, está aprendido, você não pode fingir que não aprendeu.

É como diz o Tom Waits: "Você não pode destocar uma campainha."

Verdade. [risos]

Você disse que estava estudando arte e retórica, e fiquei pensando nos elementos da sua formação que contribuíram para a feitura de *Endtroducing….* Você estava se inspirando no pós-modernismo, digamos, ou em algum tipo de estética hip-hop? Ou ambos?

A maneira como o hip-hop surgiu foi que havia um bando de pessoas pobres a quem era negado acesso a muitas coisas, inclusive instrumentos caros. O que eles fizeram foi incorporar seu ambiente, que era qualquer coisa desde filmes de kung-fu que passavam na Times Square aos discos que seus pais já tinham. Ou simplesmente fazer música com a boca, que é o beatbox, e usar a esquina da rua como palco. Então, a estética sampler, e o modo como faço música, tem raízes no paradigma hip-hop e na forma de pensar hip-hop, que é: pegue o que está à sua volta e subverta em algo que é 100% você, mas que também tenha uma conexão cultural com a maneira como era feito antes. A pop art de Andy Warhol não se parece com a pop art de nenhum outro cara, mas elas têm raízes na mesma estética.

Quais são as coisas mais valiosas que você tirou de *Endtroducing...* e aproveitou quando fez *The Private Press* [2002]?

Vamos ver. De uma perspectiva técnica, diria que *Endtroducing...* foi onde senti que encontrei o domínio da minha habilidade de mixar. Naquela altura, eu já vinha fazendo coisas no estudio do Automator por vários anos, e ainda era muito limitado. Eu nunca tive um treinamento adequado de engenharia. Nunca tive aulas para aprender como mixar. Ficava apenas testando, aprendendo sozinho, "Deixa eu virar esse botão até o som ficar...", você sabe, além de coisas como aumentar o grave, diminuir os médios, subir o agudo, ou o que fosse, coisas muito básicas como essas. Eu não sabia como identificar problemas de frequência e minimizá-los. Não sabia coisas que estou aprendendo só agora, tipo: "Bom, a razão pela qual essa linha de baixo não está batendo como devia é que está na escala errada do teclado." Só coisas técnicas assim.

Fui direto de *Endtroducing...* pro UNKLE com talvez um mês de intervalo. Mas algumas coisas tinham mudado na minha cabeça entre os dois discos. Uma era: "Ok, se eu vou fazer esse disco do UNKLE com todos esses vocalistas e todas essas coisas, quero ter um engenheiro de som pra poder lidar com a parte da mixagem." Só agora, com o álbum em que estou trabalhando, é que venho tentando fazer tudo sozinho de novo, pelo menos no que diz respeito às minhas coisas mais complicadas. Eu fiz vários mixes meus desde então, como na trilha de *Dark Days* e muitas das coisas que tenho feito pra Quannum. Mas o que também aprendi desde *Endtroducing…* é que, por mais que isso tudo tenha tido falhas técnicas, quando você faz tudo sozinho você mesmo permite que muito mais da sua personalidade entre no processo. Eu ouço a mesma falta de um toque profissional em *Dark Days*, por exemplo, que em *Endtroducing…*, mas também ouço um certo calor e intimidade com aquilo que não ouço, talvez, em outras coisas que fiz, como *The Private Press*, por exemplo. E isso não quer dizer que eu não goste da música do mesmo jeito, significa apenas que talvez seja mais apropriado que as coisas não soem perfeitas quando se trata da minha música, porque não há nada de tradicionalmente correto no modo como faço música. Então, o fato de ser um pouco imperfeito talvez seja parte do que atraiu as pessoas para o *Endtroducing…* em primeiro lugar. E não estou certo, e só o tempo vai dizer, mas esse próximo álbum em que estou trabalhando pode não ter o mesmo tipo de calor, porque talvez eu tenha aprendido um pouquinho em dez anos. E pra mim está bem, contanto que seja 100% do coração e 100% de mim. Porque aprendi muito nos últimos dois meses enquanto trabalhava no disco novo através de tentativa e erro, tipo: "Ah, eu nunca tinha considerado de verdade isso ou aquilo."

Vou te contar outra grande lição que surgiu de *Endtroduc- -ing…*. Quando acabei o disco, estava lamentavelmente mal preparado para todos os outros aspectos do que significa lançar um álbum. Por exemplo, me lembro de entregar o álbum, e James foi o primeiro a ligar de volta e dizer quanto estava animado. E acho que a ligação seguinte foi de Steve Finan. Ele era o *yin* para o *yang* do James: enquanto James era todo criativo, do gênero "Como podemos detonar isso?", Finan era estritamente negócios, e a primeira coisa que ele me disse foi: "Então, quando você vai ter o single pronto?" Foi quando comecei a pensar: "Puta merda, eu nem sequer pensei nisso." Eu tinha pensado que "Midnight" podia ser o single principal, mas não havia nem considerado o que mais colocar junto. Naquela época, especialmente com relação a esse tipo de música na Inglaterra, o esperado era que o 12" fosse bem trabalhado, com umas duas faixas-bônus, um remix enlouquecido, uma versão longa, uma versão curta, todo esse tipo de coisa. E então entrei em pânico por algum tempo até perceber que eu já tinha feito muito trabalho de base em "Midnight", tinha feito uma versão longa e depois uma versão alternativa com o rapper Gift of Gab. E aí disseram: "O que você vai colocar no lado B?" E eu: "Merda, estou sem lado B, cara." Eu tinha a música "Red Bus Needs to Leave", que era algo em que tinha gastado dois dias, como uma possível demo. Eu tinha que levá-la ao estúdio em Londres, trabalhar nela e mixá-la em um dia. Achei tudo aquilo realmente meio brutal e justo — eu simplesmente estava mal preparado. Com *The Private Press*, eu estava mais preparado. Mesmo assim ainda é difícil, pois, ao contrário de uma situação de banda, em que você pode deixar uma fita rodando e conseguir quantas canções quiser e então pegar a melhor — pro tipo de música que eu faço me custa um mês, em média, pra fazer cada música.

Você não tem muita coisa guardada na manga, então?

Eu não sou o tipo de artista que sai do processo de fazer um álbum com cinco faixas descartadas. Se parece que a música não vai chegar ao ponto, eu simplesmente a deixo de lado e, ocasionalmente, ela acaba se transformando em outras coisas. "Six Days", por exemplo, foi com certeza a música conceitual mais antiga em *The Private Press*, talvez de uns cinco anos antes. Na verdade, originalmente era uma demo pro Gift of Gab, mas nunca virou nada. Minhas habilidades como produtor amadureceram muito, acho, desde a demo original. Então eu retrabalhei completamente a música inteira, ressampleei e remontei tudo para fazer dela o que eu achava que podia ser. Porque era uma dessas demos que eu simplesmente não conseguia tirar da cabeça, e lamentava o fato de que não tinha virado nada.

Como surgiu o título para *Endtroducing...*?

Uma das explicações extrínsecas é que foi minha apresentação para a maioria das pessoas. Sempre estive ciente de que, pra maior parte das pessoas, quando você lança um álbum, ele passa a ser o seu primeiro disco. Não importava quantos singles eu tivesse feito, ou remixes, ou o que fosse. E então eu sabia que era importante dar o melhor de mim, por assim dizer, como o título da música que abre o álbum.[5] Mas, ao mesmo tempo, o disco foi um desfecho para um som que acho que vinha desenvolvendo enquanto estava na Mo' Wax. Eles foram, definitivamente, a gravadora que se apoderou daquela energia que

---

[5] Referência à música "Best Foot Forward", da expressão "put the best foot forward", dar o melhor de si.

tinha começado com o mix "Zimbabwe Legit", com "Lost and Found", "What Does Your Soul Look Like" e finalmente resultou num álbum. Achava que depois daquele ponto havia uma virada na maneira como eu fazia música. Pra mim, o UNKLE é uma era completamente diferente em relação a *Endtroducing...*, mesmo que, em termos de trabalho, várias músicas tenham uma diferença de poucos meses entre elas.

Foi o fim de algo, mas também o começo de alguma coisa?

Para a maioria das pessoas era uma apresentação, mas pra mim, pessoalmente, era o fim daquela época de trabalho. E eu sabia disso o tempo todo, sabia enquanto passava por aquilo, e realmente acho, com relação à minha maturidade musical, que o UNKLE foi o começo de uma nova era. Quando ouço as músicas do UNKLE, elas são muito mais sofisticadas no que diz respeito ao trabalho com os samples e ao acabamento que estava tentando dar ao material, mas ainda trabalhando com samples. Muito de *Endtroducing...* e das músicas que fiz antes eram ainda um pouco dependentes do loop, e sinto que comecei a me afastar disso no UNKLE. Pra mim, o UNKLE e *The Private Press* são outra era. O trabalho no novo álbum é o começo da minha terceira era. É fácil olhar em retrospecto pro catálogo e pro modo como as peças estão alinhadas e ser capaz de fazer essa avaliação agora.

Eu também acho que o título funciona como uma espécie de resumo de uma história cultural até aquele ponto, de certos tipos de sons, e então dá uma certa volta e empurra a coisa um pouquinho. Não que isso signifique alguma coisa de um jeito ou de outro, é só a minha opinião.

Eu gosto do que você está dizendo, pois é muito mais pessoal que algum tipo de versão filosófica panorâmica do que o título poderia significar.

Eu gosto de títulos que tenham sentidos múltiplos e sejam amplos o suficiente para que possam ser interpretados de várias maneiras, mas que ainda assim tenham um sentido muito específico pra mim. Não tenho certeza do que as pessoas acham do que se trata, mas *Preemptive Strike* [Ataque surpresa] tinha a ver especificamente comigo tendo que lidar com o fato de que eu de repente era uma mercadoria para um certo grupo de pessoas na indústria. Eu via como começava a ter problemas com as empresas que lidavam com música. O problema é que se um artista é apagado do filme, você não tem realmente nenhum controle sobre como sua música é compilada e representada ou apresentada às pessoas. O álbum era de raridades/maiores hits até aquele momento, compilado de uma forma sobre a qual eu tinha controle, então foi um ataque surpresa preventivo. Basicamente, o que aconteceu foi que liguei pra gravadora e disse: "Olha, quero fazer isso. A maioria das pessoas nos Estados Unidos nunca ouviu todas as minhas primeiras coisas pra Mo' Wax nem os lados B e remixes que fiz para *Endtroducing…*, então quero fazer uma compilação de tudo isso antes que outra pessoa faça de uma maneira cafona e piegas."

Quando você falou antes sobre "Lost and Found" e o que você estava passando na época, mencionou que se sentia deprimido com algumas coisas. Quando você estava criando *Endtroducing...* havia um sentimento que te acompanhava que pudesse estar conduzindo o disco e que não fosse aparente?

Quando olho pros títulos das músicas, apenas, há muito sentido latente, "Building Steam with a Grain of Salt", "Changeling", "Mutual Slump" — quer dizer, muito disso é o tipo da coisa de que eu nunca poderia falar com um jornalista, pois assim estaria pintando um retrato de mim sendo patético. Quando me sento pra fazer música, existe um grau de falta de confiança e autoaversão. Mas eu não quero fazer com que isso pareça que é importante. Sou capaz de resolver na música. Quando faço uma batida boa, há duas coisas que passam pela minha cabeça. A primeira é: "Essa batida é quente." Fico superanimado, superinflado, e penso: "Ah, é isso." Mas, ao mesmo tempo, tenho uma sensação de que ninguém vai gostar, vai fracassar, vão rir dela, ninguém vai respeitá-la, ninguém vai entendê-la. Existe esse constante vai e vem entre confiança e total falta de confiança no álbum. E é por isso, acho, que títulos de músicas como "Building Steam with a Grain of Salt" são tipo: "Ok, estamos começando o disco. Essa é uma faixa quente, mas, você sabe, talvez não seja tão quente. Se você não gostar, foi tudo meio que uma brincadeira." Sentia isso em relação a "Organ Donor". Eu achava que as pessoas não iam gostar. Achava que as pessoas iam pensar que eu estava querendo ser esperto demais.

    Naquele ano inteiro, entre 1994 e 95, muitas das músicas que fiz tiveram grande carga emocional, e, quando ouço *Endtroducing...*, sou levado direto de volta àqueles sentimentos.

Mas, ao mesmo tempo, tenho tentado evitar cultivar essa terra em excesso, porque é um pouco incestuoso quando você fica colhendo do mesmo solo emocional.

Eu, de fato, acho que minhas questões de falta de confiança e autoaversão são perceptíveis na música, e talvez isso seja o que ecoa nas pessoas que se sentem ignoradas por muito do que se espera que a máquina da música ofereça, ou seja, sexualidade e agressão machista. Ao passo que o tipo de música de que sempre gostei e me senti mais próximo tem um núcleo suave que atravessa todo o resto.

Também é preciso ter um senso de esperança em algum lugar, e acredito que *Endtroducing...* toca no que acho que as pessoas procuram na música, em especial na música alternativa. A maior parte da música popular é feita pra curtir no volume máximo e aproveitar a sexta à noite, e não tem nada de errado nisso. Mas existem experiências mais amplas na vida. Na África, por exemplo, há uma canção para escovar os dentes. Há uma canção para andar pro trabalho. Há uma canção para preparar a comida, há uma canção pra todo tipo de experiência de vida que as pessoas de lá passam no dia a dia. Eu nunca quis ser o cara de um truque só no que diz respeito ao modo como faço música, ou ao estilo com que faço música, ou às mensagens que a minha música transmite. Não acho que é uma coisa boa expressar sempre um sentimento de solidão suburbana. Mas se você pode fazer isso, e se há um momento na sua vida em que pode expressá-lo bem, então é ótimo. Quer dizer, duvido que no momento eu esteja numa posição de necessariamente transmitir as mesmas mensagens que transmiti em 1993 ou 1991, ou mesmo 2000, porque você simplesmente cresce.

Quando olho para esse disco, penso em quando estava terminando meu tempo na faculdade, e não sabia o que queria fazer que não fosse música, mas tinha muito poucas razões para ser encorajado a pensar que isso seria uma opção viável pra mim. Quer dizer, tirando o apoio que recebi de Funken Klein e depois James. Não há maneira de enfatizar o suficiente quanto isso foi importante, esse apoio. Tenho certeza de que não teria encontrado aquele ambiente seguro e aquela casa que tive na Mo' Wax. Para ser sincero, não tive isso de verdade desde então. Éramos todos garotos novos que não sabiam nada, mas sabíamos que realmente curtíamos música, e James estava querendo fazer a música acontecer e levantar as pessoas em que ele acreditava. Essa é uma coisa bem rara, porque normalmente as pessoas têm seus próprios interesses e estão correndo atrás deles. "Best Foot Forward", "Building Steam", "Transmission", todas expressam bem a sensação de pavor que eu parecia ter quando se tratava de lançar discos. Quer dizer, lançar música, pra mim, é sempre difícil, no sentido de que quando um projeto é novo, e quando as músicas estão sendo trabalhadas, é muito uma parte de você ali. Deve ser o mesmo com qualquer tipo de arte que as pessoas fazem. Não é pra soar como coisa de artista pretensioso, mas me lembro de tocar o disco pra minha então namorada, agora esposa, e foi realmente duro pra mim. Nós estávamos dirigindo, e eu disse: "Ok, aqui está o que vim trabalhando nos últimos nove meses desde que moramos juntos." Acho que qualquer coisa poderia ser dita e eu teria levado pro lado errado. E eu geralmente levo.

Então, o que ela disse?

Acho que algo como: "É bom mesmo. Agora preciso parar e usar o banheiro."

© Editora de Livros Cobogó

Editoras
Isabel Diegues
Barbara Duvivier

Organização
Frederico Coelho
Mauro Gaspar Filho

Tradução
Mauro Gaspar Filho

Coordenação de produção
Melina Bial

Assistente editorial
Catarina Lins

Revisão
Eduardo Carneiro

Capa
Radiográfico

Projeto Gráfico e Diagramação
Mari Taboada

CIP-BRASIL. CATALOGAÇÃO-NA-FONTE
SINDICATO NACIONAL DOS EDITORES DE LIVROS, RJ

W664e
Wilder, Eliot
Endtroducing… / Eliot Wilder; tradução Mauro Gaspar. – 1. ed. – Rio de Janeiro: Cobogó, 2014.
104 p.; 19 cm. (O livro do disco)

Tradução de: Endtroducing…
ISBN 9788560965
1. DJ Shadow (Josh Davis), 1972 – Entrevistas. 2. Músicos – Estados Unidos – Biografia. I. Título. II. Série.

14-17529
CDD: 927.824166
CDU: 929:78.067.26

Nesta edição, foi respeitado o Acordo Ortográfico da Língua Portuguesa de 1990, que entrou em vigor no Brasil em 2009.

Todos os direitos em língua portuguesa reservados à
Editora de Livros Cobogó Ltda.
Rua Jardim Botânico, 635/406
Rio de Janeiro – RJ – 22470-050
www.cobogo.com.br

O LIVRO DO DISCO

Organização: Frederico Coelho | Mauro Gaspar

The Velvet Underground and Nico | *The Velvet Underground*
Joe Harvard

Tábua de Esmeralda | *Jorge Ben*
Paulo da Costa e Silva

Estudando o samba | *Tom Zé*
Bernardo Oliveira

Daydream Nation | *Sonic Youth*
Matthew Stearns

LadoB LadoA | *O Rappa*
Frederico Coelho

NO PRELO

Songs in the Key of Life | *Stevie Wonder*
Zeth Lundy

Unknown Pleasures | *Joy Division*
Chris Ott

2014

1ª impressão

Este livro foi composto em Helvetica.
Impresso pela gráfica Stamppa,
sobre papel Offset 75g/m².